DAS GNOSTISCHE CHRISTENTUM

*Meinem Bruder und meiner Mutter
danke ich für ihre Mithilfe.*

PIRMIN A. BREIG

Das gnostische Christentum

oder

*Warum die Kirche
das eigentliche Christentum
mit einer Lüge ersetzt hat*

Über den Autor
Pirmin A. Breig wurde 1968 in Basel geboren. Er studierte zuerst Medizin, dann Kunstgeschichte, Geschichte und Philosophie. Anschliessend Malerei. Mit zwanzig Jahren trat er aus der Kirche aus. Mehrere Jahre war er Mitglied der Freimaurerei und der Allgemeinen Anthroposophischen Gesellschaft. Er bezeichnet sich als Denker, der sich keinem Glauben und auch keiner Ideologie verpflichtet sieht.

Bibliographische Information der Deutschen Nationalbibliothek:
Die Deutsche Nationalbibliothek verzeichnet diese Publikation in der Deutschen Nationalbibliografie,
detaillierte bibliografische Daten sind im Internet über dnb.dnb.de abrufbar.

TWENTYSIX – Der Self-Publishing-Verlag
Eine Kooperation zwischen der Verlagsgruppe Random House und BoD – Books on Demand

© 2017 Breig, Pirmin A.
Herstellung und Verlag:
BoD – Books on Demand, Norderstedt.

ISBN: 978-3-7407-3051-2

INHALT

VORWORT 7

JUDAS und JESUS 11

ÜBER DEN WAHREN GESALBTEN
UND DIE VORSORGENDE, DIE PRONOIA 33

DER ABEL-/SETH- UND DER KAIN-STROM 47

PETRUS UND PAULUS 63

DIE INTRIGE 67

PAULUS, der SAULUS 77

PERSÖNLICHE SCHLUSSGEDANKEN 85

ANHANG 89
ÜBER DAS »GEHEIME ABENDMAHL«
DER KATHARER – DIE INTERROGATIO JOHANNIS ... 89
DIE TEMPELLEGENDEN 100
»WIE IM HIMMEL, SO AUF ERDEN« 112

VORWORT

Die Bibel ist ein Machwerk. Ein Machwerk, das von Menschenhand erschaffen ist. Immer wieder wurde deren Inhalt redigiert, verändert und überarbeitet. Die Wahrscheinlichkeit, dass sich darinnen wohl eher das Wort des Menschen als das »Wort Gottes« offenbart, ist deshalb sehr groß – und veranlasste mich, selber genauer hinzuschauen, ja selber zu recherchieren. Bis ich zu dem Punkt kam zu erkennen, nämlich, indem ich sie mit verschiedenen anderen Inhalten und Texten verglich und in Zusammenhang stellte – beispielsweise mit der Nag-Hammadi-Schrift, aber beispielsweise auch mit Texten und Inhalten verschiedener sogenannter »Geheimgesellschaften«[1] –, dass vieles oder eigentlich gar alles, was darinnen steht und vertreten wird, letztlich tatsächlich nicht (mehr) wirklich wohl wahr sein kann, willkürlich zusammengestellt ist oder, sogar bewusst, falsch dargestellt wird – und zwar immer im Hinblick auf einen Machtanspruch, den man damit zementieren wollte. Angefangen von Saulus und Paulus und den vier Aposteln über Bischöfe und Kirchenlehrer im Mittelalter bis hin zu den Bischöfen, Kirchenlehrern und Theologen in heutiger Zeit.

Das Christentum, wie es sich mir offenbarte, konnte ich jedoch nicht einfach mehr als Christentum im beiläufigen Sinne bezeichnen. Ich habe es deshalb mit einem

---

[1] Damit meine ich vor allem: Theosophie, Anthroposophie und Freimaurerei.

Zusatz versehen. Nämlich mit dem Zusatz »gnostisch« – auch wenn dieser Zusatz heute mit dem herkömmlichen Begriff der Gnosis wenig zu tun hat. Er soll aber aufzeigen, so hoffe ich wenigstens, dass sich mein Christentum, also das Christentum, wie es sich mir durch meine Recherchen und auch eigene Rückschlüsse ergab, von dem Christentum, wie es bis heute von überall her und von allen Seiten vertreten wird, grundsätzlich unterscheidet und sich deshalb auch grundsätzlich davon abhebt, distanziert. Denn Gnosis bedeutet, aus dem Altgriechischen übersetzt ins Deutsche, Erkenntnis oder gar Wissen. Und nicht wie Sophia, aus dem Griechischen oder Lateinischen übersetzt, (lediglich) Weisheit.

Natürlich weiß ich, dass der Begriff »gnostisch« oder »Gnosis« heute nicht mehr oder nur (noch) völlig falsch verstanden, ja leider oder schlimmerweise sogar selbst mit der Esoterik in Zusammenhang gebracht wird. Doch den Begriff wählte ich, und ich wählte ihn bewusst, weil er, einerseits, soviel wie Erkenntnis oder gar Wissen bedeutet, und, weil ich, anderseits, der Meinung bin, dass letztlich auch Platon, den ich ebenso studiert habe und sehr verehre, Gnostiker war, sodass er deshalb mit seinem Denken wie eine Art Individualität wirkte, die das Christentum, wie ich es nun, also als gnostisches Christentum, verstehe, gewissermaßen vorausnahm.

Dies im Gegensatz zu Aristoteles, der vielmehr als Persönlichkeit wirkte, die mit ihrem Denken die Grundlagen für ein Christentum lieferte, wie es bis heute als Christentum nun bekannt ist. Auf ihn und auf Thomas von Aquin stützte sich deshalb auch die Scholastik, deren Gegenbewegung dann der Humanismus war. Der Humanismus, der, wie vor ihm eigentlich bereits die Stoa und nach ihm die Aufklärung, sodass auch diese beiden Impulse, gemeinsam mit dem Humanismus, mit dem gnostischen Christentum in Verbindung gebracht werden können, umso mehr den Menschen und die Menschlichkeit in den Mittelpunkt stellte und nicht (mehr) ein oder den Gott und dessen Willkür. Denn es ist die Menschlichkeit, aber auch die Aufklärung, die den Menschen wirklich Mensch werden lässt und somit vom Baum der Erkenntnis zum Baum des Lebens führt.

Mit dieser Schrift hoffe ich, auf fruchtbaren Boden zu stoßen – ja vielleicht geradezu auch den Anlass zu geben, auch auf universitärer Ebene, über den »Problemfall Bibel« oder den »Problemfall Glaube«, über den »Problemfall Christentum« generell, völlig neu oder auch mal anders zu debattieren. Und dies ganz im Sinne Senecas, der da schrieb: »O wie gut erginge es manchen Menschen, wenn sie einmal aus ihrem Geleise herauskämen.«

Die Frage, wie denn ein Wissen erarbeitet werden kann aus Texten, die selber genau dieses Wissen vorenthalten oder vertuschen, kann vielleicht damit beantwortet werden, dass man Wissen generell erst dann vielleicht erkennt, wenn man es bereits auch selbst, als Vorahnung oder gar als Erfahrung, in sich enthalten hat.

PIRMIN A. BREIG, in der Weihnachtszeit 2016

JUDAS und JESUS

Judas und Jesus waren zwei Stiefbrüder. Sie hatten denselben Vater, nämlich Josef.[2] Jedoch jeweils eine andere Mutter. Während Judas' Mutter die schwarze Sarah war, so war Jesus' Mutter Maria Salome[3], auch salomonische Maria genannt.[4] Beide Stiefbrüder stammten aus Betlehem.

---

2   Nach gnostischer Erkenntnis ist eine »unbefleckte« Empfängnis im Sinne einer (verklärenden) Kirche nicht möglich. Deshalb hat auch nicht Gott, sondern Josef, und zwar allein, und physisch-leiblich, seine beiden Söhne gezeugt. Einmal jedoch ehelich und ein andermal unehelich.
3   Wenn von Theologen behauptet wird, die Salome könnte die Mutter der Zebedäus-Söhne, also die Mutter von Johannes und Jakobus, sein, so ist das, gnostisch gesehen, wohl falsch, da die Mutter der Zebedäus-Söhne eine eigenständige Person war. Auch bezieht sich der Name Salome, nach gnostischer Erkenntnis, auf den salomonischen Strom, sodass deshalb die Mutter von Jesus auch als salomonische Maria bezeichnet werden kann.
4   Sowohl die schwarze Sarah als auch die salomonische Maria, also Maria Salome, waren, gemäß der Legenda aurea, mit auf dem Boot ohne Segel, das Maria Magdalena, auf der Flucht vor Paulus und dessen Anhängern, von diesen ausgesetzt, von Ephesos nach Südfrankreich steuerte. Also an den Ort steuerte, wo sich später, das heißt, ab dem 12. Jahrhundert, der Minnesang, aber auch das Katharertum entwickelt hat, das jedoch mittels Inquisition und Verfolgung durch die katholische Kirche binnen wenigen Jahren wieder vollständig vernichtet war. Ob ebenso aus diesem Grund, also wegen des Aufkommens des Katharertums (oder ähnlichen Glaubens-Anschauungen), 1309 in Avignon ein Gegenpapsttum errichtet wurde, um so Südfrankreich besser zu kontrollieren, das

Josef war der Vater von Judas und Jesus, so wie David der Vater von Nathan und Salomon und Adam der Vater von Kain und Abel war. (Aber auch so, wie Abraham der Vater von Ismael und Isaak und Isaak der Vater von Esau und Jakob war.) Aus diesem Grund können Judas mit Nathan und mit Kain und Jesus mit Salomon und mit Abel respektive mit Seth, der an Abels Stelle getreten ist, in Zusammenhang gebracht, vielleicht sogar gleichgesetzt werden.

Es existieren also zwei Ströme – oder aber zwei Stammbäume, wenn man die Ströme als Stammbäume verstehen will. Diese Ströme oder Stammbäume werden jeweils durch die Mutter der jeweiligen Stiefbrüder beziehungsweise Söhne bestimmt. Bei Judas war es also die schwarze Sarah, die Strom- oder Stammbaum-bestimmend war, und bei Jesus die salomonische Maria. Denn die schwarze Sarah entstammt selber dem nathanischen und die salomonische Maria dem salomonischen Strom. Man kann auch sagen: Das Weibliche bestimmt den Charakter der Söhne (und vielleicht auch der Töchter).

Aus diesem Grund finden wir in der Bibel auch zwei Stammbäume von Jesus, nämlich einen, aufgeschrieben vom Apostel Lukas, der auf Nathan, und einen, aufgeschrieben vom Apostel Matthäus, der auf Salomon zurückgeht. Wobei derjenige Stammbaum, der auf Nathan zurückgeht, der Stammbaum von Judas ist. Die Bibel (oder hier im konkreten Fall der Apostel Lukas, der ein Jünger von Paulus war) ersetzte den Namen Judas wohl

---

heißt vor »falschem Glauben« zu schützen, bleibt, zumindest gnostisch gesehen, spekulativ.

mit Jesus, weil sie die Bedeutung von Judas eliminieren wollte. Sie will alles, das gesamte Christentum, allein auf Jesus fixieren. Deren Verfasser, Apostel und Bischöfe, wollten die Bedeutung von Judas eliminieren und allein auf Jesus fixieren, weil sie, so muss angenommen werden, Vertreter des Jesus-Stromes waren, der letztlich bereits auch alles dafür getan hat, dass nicht Judas, sondern Jesus zum Messias gekürt wurde. Denn eigentlich war, wenn man die Schriften studiert, ursprünglich Judas als Messias vorgesehen. Schon das Alte Testament weist auch in diese Richtung. Sie wollten den Namen Judas wohl in gleicher Weise eliminieren, wie sie dann auch Maria Magdalena in Verruf brachten[5], die ebenso dem

---

5 Die Behauptung, dass Maria Magdalena eine Prostituierte gewesen wäre, wie das die heutige Kirche meint, ist nach gnostischer Erkenntnis absurd. Sie dient wohl tatsächlich einzig dazu, Maria Magdalena als Person zu verunglimpfen und auch das Weibliche generell in seinem Ruf zu schädigen. Denn Maria Magdalena war, nach gnostischer Erkenntnis, nicht nur der erste weibliche Mensch, der den wahren Christus in seiner wahren Gestalt sah, sondern auch der erste weibliche Mensch, der Gott Jehova (und auch dessen Sohn Jesus) verließ, um sich mit dem wahren Christus und der Pronoia zu verbinden. (Mit »wahrer Christus« wird nicht Jesus, sondern eine eigenständige Person gemeint. Diese Unterscheidung wird später in dieser Schrift genauer erklärt.) Aus Sicht der Kirche beging sie deshalb Ehebruch. Denn statt sich weiterhin zu Gott Jehova (und dessen Sohn) zu bekennen, ließ sie sich mit dem wahren Christus ein. Ihr männliches Pendant war Lazarus, auch als Johannes der Jungfräuliche (oder »Jungmännliche«) bezeichnet, der vom wahren Christus von den Toten erweckt wurde und ebenso Gott Jehova zugunsten des wahren Christus und der Pronoia verließ. Obwohl bei ihm dieselbe Wandlung wie bei Maria

Strom Nathans angehörte. Deshalb wird mit Jesus, der auf Nathan zurückgeht, Judas und mit Jesus, der auf Salomon zurückgeht, Jesus selbst gemeint. Und dies, obwohl Judas, im Gegensatz zu Jesus, bereits mit seinem Namen seine besondere Bedeutung für das jüdische Volk zum Ausdruck brachte. Zudem war Judas Erstgeborener – und als solcher ein paar Jahre älter als Jesus, sodass er der Kindertötung durch Herodes, der Angst um seine Krone hatte, im Gegensatz zu Jesus, dem verheißenen König der Juden, dessen Schutz eine Flucht nach Ägypten bedeutete, allein aufgrund seines Alters entkam.

Dass auf einmal Jesus und nicht Judas als Messias gelten sollte, obwohl Judas dafür vorgesehen war, irritierte auch (den ein Fell tragenden) Johannes den Täufer, der deshalb zwei seiner Jünger zu Jesus schicken ließ, um diesen zu fragen, ob er es wäre, der da kommen solle, oder ob man auf den anderen, also auf Judas, warten solle.

Jesus begründete, dass er als Messias erwartet werde, damit, dass er Wunder vollbrächte. Er würde, wie er meinte, Blinde sehen, Lahme gehen, Aussätzige rein werden, Taube hören und Tote aufstehen lassen.[6] Judas dagegen empörte sich darüber, was Jesus über sich selbst erzählte.[7] Er fing an, zu dem Volk zu sprechen, indem er dessen »Wundertaten« relativierte, ja lächerlich machte: »Wollt ihr ein Rohr sehen, das vom Wind bewegt wird?«

Magdalena stattfand, wird er von der Kirche aber weder diffamiert noch sonst wie in seinem Ruf geschädigt.

6 Mt 11, 2–6.
7 Man muss hier die Aussagen, wie sie bei Mt 11, 2–6 angeblich als alleinige Aussagen Jesu geschildert werden, als Aussagen von Jesus *und* Judas verstehen.

Und weiter: »Einen Menschen sehen, in weichen, herrlichen Kleidern, also einen Betuchten, der üppig lebt und von königlichen Höfen stammt?« Dann verwies er auf sich selbst, indem er bekräftigte, dass er nicht zu den Betuchten gehöre, sondern zu den Geringen, Armen: »Unter denen, die von einer Frau geboren sind, ist keiner größer als Johannes, der aber der Kleinste ist im Reich Gottes, also nicht von königlicher Herkunft wäre, der ist größer als er.« Daraufhin ließen sich die Zöllner taufen, nicht aber die Hohepriester, die Jesus begünstigten und mit denen Jesus paktierte.

Jesus war ein Auserwählter

Der Grund, weshalb letztlich Jesus und nicht Judas zum Messias gekürt wurde, lag wohl darin, dass Judas ein Berufener, Jesus aber ein Auserwählter war. Jesus war Auserwählter, wie auch das jüdische Volk ein auserwähltes Volk war. Auserwählte stehen mit Abel respektive mit Seth, der an Abels Stelle gerückt ist, in Zusammenhang. Berufene dagegen mit Kain. Auch Abels Opfer wurde von Jehova bereits Kains Opfer vorgezogen.

Mit Judas sollte, nach gnostischer Erkenntnis, diese Ungerechtigkeit eigentlich wieder behoben respektive korrigiert, ausgeglichen werden, weil kein Sohn dem anderen vorgezogen werden darf. Wogegen sich die jüdischen Hohepriester aber vehement wehrten. Denn, wenn Judas an die Macht gekommen wäre, hätten sie um ihre eigene Macht bangen müssen. Judas als Vertreter des Kain-Stromes war Denker. Er hätte jeden einzelnen

Menschen des Volkes zur Mündigkeit führen können, was später, nach gnostischer Erkenntnis, eine Aufklärung wohl nachzuholen versuchte, sodass die Bedeutung einer Elite, die über ein unmündiges Volk herrscht, auf einen Schlag infrage gestellt, zunichtegemacht worden wäre. Aus diesem Grund meinte auch der Hohepriester Kaiphas, als es darum ging, den wahren Gesalbten, also den wahren Christus, zu kreuzigen, dass es besser wäre, ein oder *der* Mensch sterbe für das Volk, als dass das ganze Volk verderbe.[8] Wenn die Menschen den Weg des wahren Gesalbten gingen, so die anderen Hohepriester, dann kämen die Römer und nähmen ihnen Tempel und Volk.

Zudem war Judas, nach gnostischer Erkenntnis, der Jüngling von Nain[9]. Er wurde vom wahren Christus, also vom wahren Gesalbten, einem den Religionen und religiösen Weltanschauungen Unbekannten, von den Toten erweckt.[10] Nur er, also er allein, kannte den wahren Christus persönlich und das wahre Leben und nicht Jesus oder ein Hohepriester. Aus diesem Grund konnte auch nur er, also er allein, den wahren Christus verraten.

---

8 Joh 11, 49–51.
9 Der Jüngling von Nain wird als Sohn einer Witwe bezeichnet. Mit »Sohn einer Witwe« ist immer Judas gemeint.
10 Lk 7, 11–17.

Die Salbung des wahren Christus

Der wahre Christus wurde von einer Frau gesalbt. Diese war, wie angenommen werden kann, die Pronoia[11], die »Vorsorgende« oder »Vorsehende«, über die niemand etwas wusste, sodass sie deshalb wohl ohne Namen beziehungsweise lediglich als Frau erwähnt wird.[12] Nur der Apostel Johannes bezeichnete sie als Maria[13]. Dass eine Frau den wahren Christus salbte, war wohl ein Affront für die Hohepriester, da auch bei den Juden Frauen keinen oder nur unterordnenden Wert beziehungsweise nur den Wert einer Gehilfin Adams oder Magd (oder auch Dienerin) besaßen.

---

11 Mit Pronoia wird in der gnostischen Betrachtung die Tochter einer urideell-reellen Mutter-Vater-Elternheit bezeichnet. Pronoia heißt übersetzt aus dem Altgriechischen Vorsorge oder auch Vorsehung. (Das Wort Pronoia wird heute meist nur noch in materiellem Sinne verwendet.) Sie kam gemeinsam mit dem wahren Christus, dem Sohn einer urideell-reellen Mutter-Vater-Elternheit, auf Erden, um den Menschen wieder in die urideell-reelle Welt, der er ursprünglich entstammte, zurückzuholen.
12 Wäre sie Maria Magdalena gewesen, so hätte sie mindestens einer der Apostel als Maria Magdalena benannt. Doch in allen Evangelien, außer bei Johannes, wird die Person, die den wahren Christus (und nicht Jesus!) gesalbt hat, nur als »Frau« bezeichnet.
13 Maria ist ein Eingeweihten-Name – so wie bei den Männern Johannes oder Lazarus.

Judas als Pendant zu Maria Magdalena

Als Pendant zu Maria Magdalena, die als erster weiblicher Mensch den wahren Christus erkannte und dann dessen Weg ging, wäre eigentlich Judas als erster männlicher Mensch vorgesehen gewesen, sodass ihn deshalb der wahre Christus von den Toten erweckte. Denn nur wer (selbstständig) denken kann, ist imstande, mündig und selbstbewusst zu werden und sich dadurch (selbst) zu retten. Von den Toten erwecken heißt des Menschen wahres Ich ansprechen. Aber auch, diesem, also dem Menschen, Seelisches zurückzugeben, das er im Verlaufe seiner Entwicklung hin zum »neuen Adam«, der ein wieder allein männlicher Mensch werden soll und jegliches Seelisches, aber auch Weibliches, ausschließt, verloren hat.

Dieser verriet aber den wahren Christus, seinen eigenen Retter, weil er, und zwar allein, das wahre Leben besitzen und Herrscher über Mensch und Welt werden wollte. Er als Kleinster im Reich Gottes, also als einer, der nicht von königlicher Herkunft war und dem nathanischen Strom angehörte, wollte tatsächlich größer sein als Johannes der Täufer, ja größer als jeder Mensch überhaupt.

Er war überzeugt davon, dass mit dem Opfertod des wahren Christus das ewige Leben an ihn überging und er so der Messias werden konnte, der aufgrund des ewigen Lebens, das er brachte, über Jahrhunderte und Jahrtausende sehnlichst erwartet wurde, und er damit das auserwählte Volk vor dem Untergang retten, mit ewigem Leben selbst dann versehen könnte. Denn das auserwählte Volk, für das sich alle individuellen Menschen aufgeben – ein Volk besteht nicht aus einzelnen mündigen, individuellen

Menschen, sondern aus einem Kollektiv von Menschen, die unmündig sind und sich, nämlich als dieses Kollektiv, von einer Führungs- oder Führerperson leiten lassen –, sollte sein Leib werden, den er als Herrscher, wie Noah in seiner Arche, bewohnte.

Doch dies wollte auch Jesus, sein Stiefbruder, der deshalb mit den Hohepriestern paktierte und so Judas wohl erst recht zum Verrat trieb. »Was *du tun* willst, das *tue* bald!«, sprach Jesus am letzten Abendmahl zu Judas, das als Mahl am Abend eigentlich ein Mahl für Judas, den Vertreter des Nachtbereichs, und nicht ein Mahl für Jesus, den Vertreter des Tagbereichs, werden sollte.[14] Als Judas bemerkte, dass Jesus dieses Mahl, das seines sein sollte, an sich riss, indem er (symbolisch) sein Pflanzenopfer vollzog, da fuhr beim Brotstück, das er soeben genommen hatte, der Satan in ihn ein und nahm Besitz von ihm.[15] Nun wusste er, dass er nicht nur den wahren Christus bei den Hohepriestern, sondern auch Jesus bei den Römern möglichst schnell verraten müsse, um nicht seine Macht vollends an Jesus zu verlieren.

Leider übergingen auch die Römer Judas, sodass sie, ganz im Sinne der Hohepriester, den wahren Christus für Jesus kreuzigten.

Jesus verdrängte also Judas mit Hilfe der Hohepriester, aber auch mit Hilfe der Römer, die von den Hohepriestern zum Mord angestiftet wurden – die Hohepriester selber durften als Juden, gemäß dem fünften mosaischen

---

14 Die Begriffe Tag- und Nachtbereich werden später, nämlich im Kapitel *DER ABEL-/SETH- UND DER KAIN-STROM* erklärt.
15 Joh 13, 27.

Gesetz, keinen Menschen töten –, indem er dessen Verrat für sich nutzte und die gesamte Bedeutung, die er, also Judas, innehatte, an sich riss, übernahm.

Der Hahn als Ankündiger des Tages

Als der Hahn dreimal krähte und somit den Anbruch des Tages verkündete, da war die Machtübernahme vollbracht – und die Intrige (vorerst) beendet.

Judas dagegen, der abermals übergangen wurde – das erste Mal wurde er übergangen, als Gott ihm als Kain Abels Opfer vorzog und er deshalb Abel erschlug[16] –, erhängte sich. Das heißt, er entledigte sich seines Kopfes. Dadurch wurde er (wieder) Tau-Wesen, kopflos, »Tier«[17].

---

16 Das gnostische Denken geht davon aus, dass sich in Judas abermals Kain zeigte, so wie sich in Jesus abermals Seth offenbarte.

17 Das Tier ist, gnostisch gesehen, eigentlich ein Wesen ohne Kopf. Sein Kopf entspricht mehr einem Kehlkopf, der zum Kopf verlängert ist. Dass es einen Kopf besitzt, steht, gnostisch gesehen, im Zusammenhang mit seiner Entwicklung aus dem Menschen. Denn nach gnostischer Erkenntnis wurde das Tier, und zwar in einem damals noch nicht physisch-materiellen Zustand, aus dem Menschen ausgesondert, da es mehr mit Jehova als mit dem wahren Menschen zu tun hat. Dadurch konnte sich der wahre Mensch erst eigentlich in den abbildhaften, irdischen Menschen inkarnieren, der nach dem Ebenbild Jehovas und nicht nach dem Ebenbild des wahren Menschen erschaffen wurde. Deshalb war der erste abbildhafte, irdische Mensch (noch) tierisch oder gar selbst ein Tier und noch nicht Mensch. Die Abstammung des Menschen aus dem Tier ist, also auch gnostisch gesehen,

Es ist anzunehmen, dass er es ist, der bis heute, quasi als »Wesen«, das die Menschen »besetzt«, die Welt und die Menschen bekriegt, um sich so die eigene, entgangene Macht zurückzuholen. Angst, Schrecken, Terror und Gewalt, aber auch das Zerstören kultureller Werte und das Auslöschen des individuellen, mündigen, nach Gleichheit und Gleichwertigkeit strebenden Menschen sind seine Erkennungszeichen, mit denen er sich in der Welt manifestiert, und seine Merkmale, mit denen er gegen den Menschen vorgeht. Das Zeichen, das er als Kain von Gott auf die Stirne markiert bekam, nachdem er Abel getötet hatte, das Kains-Zeichen, also das Zeichen, das ihm die Macht über andere Menschen verlieh, ist das Tau-Zeichen. Er konnte sich von ihm also, auch nicht mit Hilfe des wahren Christus, nicht im Sinne des wahren, eigentlichen Menschen befreien – und wurde stattdessen selbst dessen Opfer.

Lazarus als Nachfolger von Judas

An Judas' Stelle, der nicht mehr als erster männlicher Mensch den Weg des wahren Christus antreten konnte, trat Lazarus, der ebenso vom wahren Christus von den Toten erweckt wurde.[18] Er war, wie es scheint, ohne

---

sofern hier der abbildhafte, irdische Mensch gemeint ist, gewissermaßen, und zwar im ganz reellen Sinne, also wahr.

18 Alle Menschen, die den Weg des wahren Christus gehen wollen, müssen vorerst von den Toten erweckt werden. Das heißt, sie müssen in ihrem wahren Ich geweckt, selbst wahrer Mensch werden. So vor ihm auch Maria Magdalena.

Kains-Zeichen und wurde (wohl) von Maria Magdalena ausgewählt. Da die Hohepriester ahnten, wessen Bedeutung Lazarus zukommen sollte oder zukommen könnte, da erwogen sie, auch ihn zu töten.[19] Hätten sie es getan, so wäre für den männlichen Menschen der Weg zurück in die urideell-reelle[20] Welt, von der er als ebenso urideell-reelles Wesen ursprünglich entstammte, gänzlich genommen gewesen.

So wie Judas und dann Lazarus vom wahren Christus von den Toten erweckt wurden, wurde auch Maria Magdalena von den Toten erweckt. Ihre Erweckung wird in der Bibel als Erweckung der »Tochter des Jairus« beschrieben. Dass sie eine leibliche Tochter des Jairus, eines Synagogenvorstehers, war, muss aus gnostischer Sicht verneint werden. Vielmehr muss die Bezeichnung »Tochter des Jairus« im Sinne einer Eingeweihten-Sprache verstanden werden. Denn so wie Judas »Jüngling« oder auch Jesus »Sohn« war, war sie, Maria Magdalena, »Tochter«, nämlich beispielsweise »Tochter« desjenigen Grades, den Jairus, ein Synagogenvorsteher, zu dieser Zeit innehatte. (Vergleiche hierzu auch die Bezeichnung »Töchter von Jerusalem«. Auch im Mithras-Kult musste ein in den »Soldaten-Grad« Eingeweihter keinesfalls Soldat gewesen sein. Dasselbe gilt für andere Bezeichnungen wie zum Beispiel »Zöllner«, »Gärtner« oder »Samariter«. Auch der

---

19 Joh 12, 10.
20 Eigentlich würde »urideell« reichen. Da aber betont werden will, dass es sich beim Begriff »urideell« nicht um einen illusionären, fiktiven Begriff handelt, ist diesem, und zwar überall in dieser Schrift, der Begriff »reell« hinzugefügt worden.

Begriff »Aussätziger« bedeutet nicht, dass damit ein mit Aussatz befallener Mensch gemeint ist.[21])

---

21 Andere Beispiele für die Eingeweihten-Sprache sind ABBA und EHE: ABBA wird von den Theologen mit »Vater-Vater« übersetzt. In der Eingeweihten-Sprache, die letztlich auf ein gnostisches Verständnis zurückgeht, jedoch mit »Vater-Mutter«. (Dies beweist, dass also weder die damaligen Bibelschreiber noch die heutigen Theologen von einer Eingeweihten-Sprache wussten oder wissen und deshalb wohl selbst auch keine Eingeweihten mehr waren oder sind.) Denn, wenn AB »Vater« heißt, so ist der zweite Wortteil von ABBA nicht, wie die Theologen meinen, ebenso AB, sondern das Spiegelbild dazu, nämlich BA, sodass deshalb daraus, gnostisch interpretiert, nicht wieder »Vater«, sondern »Mutter« wird. (Nur wer neben dem Vater-Prinzip nicht ebenso an ein Mutter-Prinzip glaubt oder glauben will, will oder kann dies auch nicht so erkennen.) Genau gleich oder ähnlich verhält es sich mit dem Wort EHE, das heute aber allgemein, also auch von den Theologen, in richtiger Weise verstanden wird. Auch hier wird mit den beiden E, die durch ein H miteinander verbunden sind, nicht die Verdoppelung eines gleichen Geschlechts zum Ausdruck gebracht, sondern die Existenz zweier Geschlechter, die als E spiegelbildlich zueinander stehen (und so auch eigentlich selbst geschrieben sein müssten). Deshalb bedeutet also EHE (zumindest ursprünglich und im eigentlichen Sinn, als es noch keine gleichgeschlechtliche Ehe gab) ebenso nicht die Verbindung von Mann und Mann, sondern die Verbindung von Mann und Frau – so wie auch ABBA (ursprünglich und nicht als Ausdruck zweier abgefallener Götter, die sich in Jehova spiegeln) nicht »Vater-Vater«, sondern eben »Vater-Mutter« heißt.

Judas wunderte sich
über die Salbung im Hause Simons

Als Maria (Pronoia) den wahren Christus mit Nardenöl einbalsamierte[22] – es war dies im Hause Simons[23] des Aussätzigen[24] –, da war auch Judas zugegen. Dieser hielt sich über ihr Tun auf. Denn er meinte, es wäre besser,

---

22 Joh 12.
23 Dieser Simon könnte Simon von Cyrene gewesen sein, der das Kreuz des wahren Christus getragen hat. Simon von Cyrene musste das Kreuz des wahren Christus vielleicht tragen, weil die Hohepriester befürchteten, dass dieser die Strapazen des Gangs nach Golgatha nicht überleben könnte, bevor die Einweihung von Jesus im Tempel von Jerusalem, die zeitgleich mit der Kreuzigung auf Golgatha stattfand, hatte beginnen können. Die Angst der Hohepriester, dass bereits mit einem zu frühen Sterben des wahren Christus die Übertragung des »ewigen Wortes« auf Jesus hätte scheitern können, war wohl wirklich sehr groß. (Vielleicht bedeutet die Aussage, dass Simon von Cyrene das Kreuz des wahren Christus getragen hat, auch nur, dass er auf den Weg des wahren Christus hinübergewechselt ist.)
24 Mit »Aussätzigen« werden, nach gnostischer Erkenntnis, jene Menschen bezeichnet, die nicht (mehr) Jehova verehren, weil sie beispielsweise bereits den Weg des wahren Christus und der Pronoia gehen. Auch Mirjam, die Schwester von Moses und Aaron, wurde mit »Aussatz« bestraft, da sie als Vertreterin des nathanischen Stroms gegen den alleinigen Führungsanspruch von Moses und somit auch gegen Jehova aufbegehrt hat – bis dass sie sich wieder unter das Gebot Jehovas stellte. Sie musste sich wieder unter das Gebot Jehovas stellen, weil sie sonst gestorben wäre. Denn der wahre Christus, der sie zum Leben hätte erwecken können, war zu damaliger Zeit, wie die Pronoia als Instanz des Lebens, noch nicht auf Erden erschienen.

man hätte dieses Öl, das doch sehr wertvoll war, verkauft und den Erlös davon den Armen, also auch ihm, der der Vertreter der Armen war, gegeben. Es ist anzunehmen, dass hier Judas den wahren Christus das erste Mal nach seiner Erweckung von den Toten als Jüngling von Nain wiedererkannt hat. Denn er wunderte sich, dass ein doch sehr unbekannter, unschuldiger und als solcher in der Öffentlichkeit auch »unbedeutender« Mensch mit solch wertvollem Öl einbalsamiert wurde, zumal eine solche Behandlung eigentlich nur (zukünftigen) Königen und Priestern oder Einzuweihenden wie ihm zustand.

Der Grund, weshalb er sich wunderte und daran störte, lag wohl darin, dass er bereits vorausblickte. Er wusste, dass dieser, sein Retter, der ihn als Jüngling von Nain von den Toten erweckte, durch einen Opfertod sterben müsse. Denn ein solcher Opfertod war von den Hohepriestern von Anfang an geplant, um dadurch ihm, wie er zu dieser Zeit immer noch felsenfest überzeugt war, das ewige Leben zu übertragen. Er wusste noch nichts davon, dass die Hohepriester nicht ihm, sondern Jesus und damit abermals einem Vertreter des Abel-/Seth-Stromes den Vorzug gaben – obwohl nur *er* und nicht Jesus den wahren Christus und somit das ewige Leben persönlich kannte.

Und deshalb auch (noch) nichts von der Intrige, die ihren Lauf nahm und ihn endgültig auszuschalten versuchte. Der Plan war, Judas als Verräter zu missbrauchen, um gleichzeitig dadurch und damit Jesus als neuen Messias zu installieren. Denn nicht ein Denker sollte der neue, von dem jüdischen Volk schon lange ersehnte Messias sein, sondern ein »Löwe« des Hauses Juda, also einer mit »Herz«, der das Kindliche, Unmündige im Menschen anzusprechen verstand. Denn nur so konnten sie, die Hohepriester, ihre eigene Macht garantiert bewahren. Nämlich als Führungselite, im Sinne eines »kollektiven Kopfes«, der über den »Stellvertreter Gottes« bestimmt. Und zwar so, wie auch heute tatsächlich die Kardinäle die Macht des Papstes bestimmen.[25]

Das ewige Leben und die Einweihung in den Grad des Vaters

Der Opfertod des wahren Christus war von den Hohepriestern bereits von Anfang an geplant, weil dadurch nicht nur das ewige Leben auf den zukünftigen Messias des auserwählten Volkes übertragen werden sollte, sondern weil (seit Abraham, der erstmals seinen eigenen, dem salomonischen Strom angehörenden Sohn nicht

---

25 Dass die Kardinäle und nicht der Papst im Sinne eines »kollektiven Kopfes« das eigentliche Sagen haben, zeigt sich auch an deren Bezeichnung. Das Wort Kardinal stammt vom lateinischen cardinalis ab und kann mit »wichtig« oder »Haupt...« übersetzt werden. Sie, die den Hohepriestern zur Zeit des salomonischen Jesus entsprechen, sind also tatsächlich die Wichtigen, die Hauptleute (Haupt nicht im Sinne also von caput, lateinisch für Kopf, sondern im Sinne eben von cardinalis, lateinisch für wichtig) und somit die eigentlich Bestimmenden. Der Papst dagegen, der als Stellvertreter von Christus auf Erden gilt, wirkt vielmehr nur als deren »Vollbringer«, der mit seinem »Herz-Bewusstsein« die Brücke zwischen Gott und den (kindlichen) Menschen schlägt.

mehr opfern durfte[26]) generell nur durch den Opfertod eines Unschuldigen eine Einweihung vom Grad des Sohnes in den Grad des Vaters vollzogen werden konnte.

Einweihungen sind »Erhöhungen«, nämlich von einem niederen Grad in einen höheren – und erfolgten bis zum Ereignis auf Golgatha meist immer mit dem Opfern von Tieren oder Menschen. Aus diesem Grund hätte Abraham auch seinen Sohn Isaak für Gott opfern müssen. Die meisten Einweihungen basieren auf drei (Lehrling, Geselle und Meister, wobei Geselle und Meister dem Sohn und dem Vater respektive auch dem König und dem Kaiser entsprechen) oder sieben Einweihungsgraden (zum Beispiel beim Mithras-Kult). Nur bei der Hochgradfreimaurerei basieren sie auf mehreren Dutzend Einweihungsgraden.

Wenn also der »Sohn Gottes« zum »Vater« aufgefahren ist, so ist damit die »Erhöhung« des Einzuweihenden vom Grad des Sohnes in den Grad des Vaters gemeint und nicht irgendwie, ganz im verklärten Sinne auch einer heutigen Kirche, eine reelle »Auffahrt als Geistwesen in physischer Gestalt« in den Himmel – abgesehen davon, dass eine solche Auffahrt schon rein von den physikalischen Gesetzen her gar nicht möglich wäre. Jesus selbst hat gesagt, dass er nicht gekommen wäre, um Gesetze zu brechen, sondern um sie zu erfüllen.

Zudem hat Jesus, der angeblich »auferstanden« und zum Vater »aufgefahren« wäre, nach der Kreuzigung des

---

26 Dies beweist auch, weshalb nicht Jesus, der ebenso wie Isaak als Sohn den salomonischen Strom vertrat, gekreuzigt wurde, sondern eben statt seiner ein Unschuldiger, den man dann, in Analogie zum geopferten Widder Abrahams, als »Lamm Gottes« bezeichnete.

wahren Christus, die er, gemeinsam mit den Hohepriestern, als die eigene Kreuzigung ausgegeben hat, wohl tatsächlich noch mindestens 11 Jahre weitergelebt, wie beispielsweise die Pistis Sophia, einer der wichtigsten koptischen Texte, die ein angebliches Gespräch zwischen Jesus und seinen Jüngern nach seiner »Auferstehung« beinhalten, belegt.

Die »Auffahrt« oder »Himmelfahrt«, wie sie in der Bibel beschrieben wird, wo er seinen Jüngern auf einer »Wolke« entschwunden ist, war wohl dann sein wirklicher Tod.

Schon, dass er als »Auferstandener« nach dem Gang nach Emmaus so sehr von Heißhunger getrieben war und deshalb im Kreis seiner Begleiter, die ihn aufgrund seiner Verkleidung anfänglich nicht erkannt haben – er musste sich vor den Menschen verstecken, bis dass der Leichnam aus der von Römern bewachten Höhle mit großem Stein davor, der Grabstätte des wahren Christus, entfernt war, damit sein Betrug der angeblich eigenen Kreuzigung nicht aufflog –, physische Nahrung dann zu sich genommen hat, scheint mehr doch als zu bestätigen, dass Jesus niemals im Sinne einer auch heutigen verklärten Sichtweise »auferstanden« sein kann. Wenn er auferstanden ist, also reell, dann aus dem Einweihungsgrab[27], das sich wohl in Jerusalem befand[28], im Tempel, nämlich nach

---

27 Vergleiche hierzu die in Fels gehauenen Einweihungsgräber, die man auf dem Odilienberg (beispielsweise beim Kloster der Hl. Odilie) im Elsass findet.
28 Es kann sein, dass sich dieses Einweihungsgrab wohl tatsächlich dort befunden hat, wo heute die Jerusalemer Grabeskirche steht. Dass es sich bei der Grabeskirche aber

drei Tagen, wo seine Erhöhung in den Grad des Vaters und die angebliche Übertragung des ewigen Lebens des wahren Christus, der zeitgleich auf Golgatha gekreuzigt wurde, quasi in einem magischen Akt, auf ihn erfolgte oder hätte erfolgen müssen.

Diese Übertragung des ewigen Lebens auf Jesus hatte nicht funktioniert, sodass deshalb der Mensch heute immer noch kein ewiges Leben besitzt und die Juden Jesus nicht als den erwarteten Messias (mehr) anerkennen.

Das (achttägige) Chanukka- oder Lichter-Fest der Juden scheint ein Fest zu sein in Hinblick auf den immer noch oder wieder erwarteten Messias, der das Licht bringt – auch wenn es gegen außen, also profan, lediglich als Fest zum Gedenken der Wiedereinweihung des zweiten Tempels in Jerusalem im Jahr 164 v. Chr. dargestellt wird. Doch mit diesem zweiten Tempel wird wohl bereits der Leib des erwarteten Messias vorbereitet worden sein, da mit Tempel des Menschen in der Eingeweihten-Sprache

---

um das wirkliche Grab Christi und sogar um den Ort der Kreuzigung Christi selbst handelte, muss dagegen völlig in Abrede gestellt werden. Denn das wirkliche Grab Christi befand sich außerhalb von Jerusalem. Auch die Kreuzigung fand auf Golgatha, also auf einem Hügel außerhalb von Jerusalem, und bestimmt nicht in Jerusalem, also inmitten der Altstadt, statt. Dass heute der Ort der Grabeskirche dennoch als Ort des wirklichen Grabes und der Kreuzigung »verehrt« wird, hat wohl mit dem allgemeinen Unwissen und der Verklärung des paulinischen Christentums generell zu tun. Dieses weiß nichts von einem wahren Christus und deshalb auch nichts davon, dass dieser wahre Christus nicht mit Jesus gleichgesetzt werden kann. Es weiß aber auch nichts von einer Einweihung Jesu im Sinne einer Erhöhung vom Grad des Sohnes in den Grad des Vaters in einem Einweihungsgrab.

auch immer der Leib des Menschen verstanden wird. Der erste Leib entspricht somit dem jetzigen jüdischen, auserwählten Volk selbst, das dann durch den erwarteten Messias den zweiten Leib beziehen kann. Der erste Tempel entspricht dem »alten Adam« und der zweite dem »neuen«. (So wie der Petrusdom in Rom für die religiösen Christen dem Leib des »neuen Adam« entspricht.)[29]

Das »Lamm Gottes« und das Jahr 0

Dass dieser Unschuldige, der für Jesus als »Lamm Gottes« geopfert wurde, der wahre Christus war und somit, nach gnostischer Erkenntnis, tatsächlich der Träger des ewigen Lebens, machte gerade diese Einweihung um das Jahr 0 (beziehungsweise 33) zu einem oder *dem* besonderen Ereignis.

Nämlich zu dem besonderen Ereignis, auf das die Juden schon lange gewartet und hingearbeitet haben. Sie wussten, dass zu dieser Zeit ein Mensch mit ewigem Leben auf Erden erscheinen würde, sodass sie sich deshalb darauf vorbereiteten. Denn das jüdische Volk war

---

29 Man fragt sich, weshalb beispielsweise der »Menschenführer« Rudolf Steiner, der sich selbst als Wiederverkörperung von Paulus sah, in Dornach bei Basel mit seinem »Johannesbau« beziehungsweise mit seinem »Goetheanum« ebenso einen Tempel des »neuen Adam« erbauen ließ. Akzeptierte er den Petrusdom in Rom nicht – oder wollte er mit seinem »Tempel« in Dornach mehr sein als der Papst in Rom? Oder verstand er gar das Prinzip des Tempels nicht? Oder wollte er ebenfalls einen eigenen Leib für die Anthroposophen schaffen, den er dann als übergeordnete Instanz selber »bewohnen« kann?

das auserwählte Volk, also dasjenige Volk, das »gerettet« würde. »Gerettet«, indem es mit dem ewigen Leben dieses Menschen, des wahren Christus, der für sie, nämlich als »Opferlamm«, am Kreuz sterben und sein ewiges Leben hergeben müsse, versehen würde. Der wahre Christus war ein Unschuldiger, einer, der weder dem salomonischen noch dem nathanischen Strom angehörte und das erste Mal auf Erden war. Er kam gemeinsam mit der Pronoia, der Tochter einer urideell-reellen Welt, von der, so ist anzunehmen, die Hohepriester der damaligen Zeit nichts wussten und auch die gesamte religiöse Welt von heute nichts weiß.[30]

Aus diesem Grund, das heißt, weil sich ein Mensch aus der urideell-reellen Welt, also ein Mensch mit ewigem Leben, anschickte, auf Erden zu erscheinen, bereiteten sich auch ein Berufener und ein Auserwählter des jüdischen Volkes auf dieses Ereignis vor, nämlich Judas und Jesus. Wobei nur einer von ihnen dann der erwartete Messias des jüdischen Volkes werden konnte. Judas ging davon aus, dass er es wäre, der dafür bestimmt ist, und dies bis zuletzt, zumal er den wahren Christus und somit das

---

30 Dass die gesamte religiöse Welt von gewissen Tatsachen nichts wusste und auch heute nichts weiß, zeigt sich auch in der Interpretation des PAX-Zeichens. Beim PAX-Zeichen handelt es sich eigentlich um das ursprüngliche Christus-Emblem, das ein Lebensrad mit sieben von der Mitte ausgehenden Strahlen war. Hierbei wurde der sechste Strahl, der die Erkenntnis (und dadurch das männliche Prinzip) offenbarte, zur Rundung des Buchstabens P (und somit zur Verklärung oder Lüge) gekrümmt und der siebte Strahl, der Ausdruck des Lebens (und dadurch das weibliche Prinzip) war, gänzlich eliminiert (und somit zum Tod).

wahre Leben persönlich kannte. Und Jesus, weil er, wie das jüdische Volk, Auserwählter und schon als Abel, an dessen Stelle er als Seth gerückt ist, der Begünstigte war.

ÜBER DEN WAHREN GESALBTEN UND DIE VORSORGENDE, DIE PRONOIA

Der wahre Christus, der zur Zeit von Judas und Jesus auf Erden erschien, war der Sohn einer urideell-reellen Mutter-Vater-Elternheit. Dessen Eltern sollen hier als Elternheit und nicht als Gottheit oder Götter bezeichnet werden, weil es in der urideell-reellen Welt keine Götter gibt. Götter sind ein Ereignis oder gar eine Erfindung der vergänglichen Welt, da nur diese hierarchisch gegliedert ist. In der urideell-reellen Welt sind alle Menschen gleich und auch gleichwertig und gleichberechtigt. Da gibt es kein »oben oder unten« oder »besser oder schlechter«. Auch nicht in Bezug auf die Geschlechter, die dann wohl auch nicht mehr als Geschlechter bezeichnet werden können. (Die Katharer nannten die urideell-reellen Menschen, und auch sich selbst, »Gerechte« oder, wohl im Sinne Platons und dessen Schönen, Wahren und Guten, als »Gutmenschen«, »Bonhommes«. Der Begriff »gerecht« oder »Gerechte« wurde jedoch auch von Sophisten gebraucht oder besser missbraucht, wie zum Beispiel vom Jünger Thomas, der Jakobus den Apostel als »Jakobus den Gerechten« bezeichnet hat.)

Er kam selbst aus der urideell-reellen Welt und erschien gemeinsam mit der Pronoia, der Tochter einer urideell-reellen Mutter-Vater-Elternheit.

Urideell-reell bedeutet, im gnostischen Sinne, nicht von dieser, sondern von einer Welt außerhalb dieser Welt zu sein. Das heißt, von außerhalb der sogenannten *abbildhaften* Welt, wie der Gnostiker die Welt von »Himmel und Erde«, also die Welt der Vertreter von Weisheit, also der Sophisten, bezeichnet.

Die abbildhafte Welt entspricht der »Höhle« Platons und ist sowohl unvollkommen als auch – eben – vergänglich. Das heißt, sie ist unvollkommen, weil sie vergänglich ist und vergänglich, weil sie unvollkommen ist. Als *abbildhaft* wird sie von der Gnostik deshalb bezeichnet, weil sie der urideell-reellen, also der vollkommenen und unvergänglichen Welt »nacherschaffen« ist. Sie wurde von zwei abgefallenen »Göttern«, einem Schein- oder Lichtgott und einem Gott der Dunkelheit und der Materie, »nacherschaffen«. Diese beiden »abgefallenen Götter« sind nach gnostischer Lehre die Götter-Väter von Jehova. Sie haben die abbildhafte Welt der urideell-reellen Welt nacherschaffen, indem sie dem Menschen, wie er da in der urideell-reellen Welt am Entstehen war, sowohl Licht als auch Materie aus seiner physisch-leiblichen Grundsubstanz gestohlen haben. Dadurch wurde der Mensch selbst in die abbildhafte Welt hinuntergerissen, sodass er sich deshalb nun ebenso in dieser befindet. Auf diese Weise ging er der urideell-reellen Welt verloren und verpasste es, die Unvergänglichkeit und Vollkommenheit seines Leibes zu erlangen. Allein sein Geist und seine Seele sind unvergänglich und vollkommen, da sie bereits Ausdruck seiner individuellen Persönlichkeit sind. Sowohl Geist als auch Seele sollten oder dürften ihm eigentlich also nicht mehr genommen werden.

Die »abgefallenen Gottheiten« erstreben des Menschen Unmündigkeit und Seelenlosigkeit

Aber genau dies versuchen die abbildhaften »abgefallenen Gottheiten« zu tun, indem sie seine Unmündigkeit und Seelenlosigkeit erstreben. Der Schein- oder Lichtgott erstrebt oder fordert gar seine Unmündigkeit und der Gott der Dunkelheit und der Materie seine Seelenlosigkeit, ja gar seinen individuellen Tod. Denn letztlich interessiert die »abgefallenen Götter« nur die menschliche Materie, da sie sich aus dieser einen eigenen Leib, den Leib des »neuen Adam«, der ein Kollektivleib aller entmündigten und entseelten Menschen ist, erhoffen. Dessen Seele soll, was die »Tagseite« betrifft, durch den Seelenleib Jesu, die zwölf Apostel, die den zwölf Tierkreiszeichen entsprechen, ersetzt werden.

Dieser »neue Adam« kann aber durchaus, wie es sich heute zeigt, auch ein Roboter sein, für dessen Konstruktion die beiden Götter des Menschen Genie benötigen. Denn auch ein Roboter ist seelenlos (oder nur scheinbar seelenhaft) und ohne eigene Mündigkeit. Und es scheint, dass gerade auch diese Entwicklung nicht mehr aufgehalten werden kann. Denn jede Entwicklung in der abbildhaften Welt läuft, wenn sie einmal in Gang gesetzt worden ist, gleich einem Gegenstand im Kosmos, den man anschiebt, immerzu, und zwar bis ins schier Unendliche, weiter. Bis dass die Idee, die dahinter steckt und die Ursache einer mal in Gang gesetzten Entwicklung ist, mehr oder weniger, und wenn auch hier nur scheinbar, als »Endgültiges«, scheinbar »Konkretes« realisiert worden ist. Es ist dies geradezu das Merkmal einer abbildhaften

Welt, dass deren Entwicklung, wenn sie einmal angestoßen ist, nicht mehr gebremst werden kann. Der Niedergang des Menschen ist also, zielgerichtet, vorprogrammiert, wenn sich der Mensch nicht selbst, nämlich mit seinem selbstständigen Denken und seinem Seelischen, davon befreien kann.

Damit der Mensch sich davon befreien kann, schickte die Mutter-Vater-Elternheit ihren Sohn, den wahren Christus, und ihre Tochter, die Pronoia, auf Erden.[31]

Der wahre Christus entspricht dem Baum der Erkenntnis, wie er noch nicht durch die Schlange verklärt worden ist – das »ewig Männliche« wurde dadurch, also durch die Schlange, zum »sterblich oder auch verfälschten Männlichen« (beziehungsweise die Aufklärung zur Verklärung und das Wissen zur Weisheit und die Wahrheit zum Schein oder zur Lüge[32]) –, und die Pronoia dem Baum des Lebens, der für den Menschen heute aber dem Baum des Todes entspricht – das »ewig Weibliche« wurde dadurch zum »sterblich Weiblichen« respektive gänzlich eliminiert. Der Baum des Lebens entspricht heute für den Menschen dem Baum des Todes, weil der Mensch vom Baum der Erkenntnis isst, in dem sich die Schlange befindet.

---

31 Innerhalb der Sophistik wurde der Sohn zum Jesus und die Tochter eliminiert – und dadurch die Wahrheit zum Schein oder zur Lüge und das Leben zum Tod beziehungsweise zum Nichts, so wie dies im sophistischen PAX-Zeichen (siehe vorherige Fußnote) auch deshalb zum Ausdruck kommt. Das heißt, das Männliche wurde verfälscht und das Weibliche gibt es nicht mehr.
32 Beziehungsweise Christus zu Jesus.

Es ist also die Schlange, die den Menschen verführt und ihm gleichzeitig dadurch den Weg zum Tod bereitet, weil *sie* die Wahrheit verklärt und die Erkenntnis verfälscht. Sie selbst ist Ausdruck des Scheins und der Lüge. So wie der abgefallene Schein- oder Lichtgott dem Schein und der Lüge entspricht und ebenso, nämlich mit seinem Schein und mit seiner Lüge, die Menschen verführt. Sie ist aber auch Ausdruck der Weisheit. Denn Schlangen-Eingeweihte sind in die Weisheiten der abbildhaften Welt Eingeweihte. Kleopatra als Schlangen-Eingeweihte wurde von einer Schlange vergiftet. Maria, die mit dem Strahlenkranz der Sonne dargestellt wird, dagegen, wie in der Apokalypse des Johannes (und damit ist nicht Johannes der Apostel, sondern wohl Johannes der Sohn des Zebedäus[33]

---

[33] Nach gnostischer Erkenntnis handelt es sich bei Johannes dem Apostel oder Evangelisten und Johannes dem Sohn des Zebedäus um zwei verschiedene Personen. (So wie es sich auch bei Jakobus dem Apostel und Jakob dem Sohn des Zebedäus um zwei verschiedene Personen handelte.) Während es sich bei Johannes dem Apostel oder Evangelisten um den Lieblingsjünger Jesu handelte, der voll und ganz den salomonischen Weg Jesu ging und deshalb zu Recht von der katholischen Kirche verehrt wird, so kann bei Johannes dem Sohn des Zebedäus davon ausgegangen werden, dass er seinen ursprünglich eingeschlagenen Weg verlassen und auf den Weg des wahren Christus und der Pronoia hinübergewechselt ist. Dasselbe war wohl auch bei seinem Bruder Jakobus geschehen. (Alle Personen, die auf den Weg zum wahren Christus hinübergewechselt sind, sind letztlich mit Jesus-Treuen dann ersetzt worden.) Beide Zebedäus-Söhne werden jedoch von der katholischen Kirche für ihre Deutung vereinnahmt.

gemeint) nachgelesen werden kann, zertritt der Schlange den Kopf.[34]

Der wahre Christus ist der wahre Gesalbte

Der Sohn der Mutter-Vater-Elternheit wird von der Gnostik als wahrer Christus bezeichnet, weil er und nicht Jesus (und auch nicht Judas) der wahre Gesalbte war. Er wurde von der Pronoia, einer Frau, gesalbt, was Jesus bei sich wohl niemals zugelassen hätte, da er, im Gegensatz zum wahren Christus, aber auch im Gegensatz zu Maria Magdalena, nicht nur dem salomonischen, königlichen Strom angehörte, sondern auch ein strenggläubiger, hochangesehener Jude war. Nur auserwählte Personen, beispielsweise Priester, und bestimmt auch keine Frauen, hätten wohl das Weiheritual einer solchen Salbung, welches ein Akt für die kommende Königserhebung war, und zwar im Tempel, vollziehen dürfen.

Aus diesem Grund, das heißt, weil die Pronoia den wahren Christus gesalbt hatte, obwohl er kein König war und auch keiner werden sollte, verspotteten ihn wohl dann die Römer nach seiner Festnahme mit Dornenkrone und purpurnem Mantel. Judas scheint auch ihnen von der Salbung erzählt zu haben.

---

[34] Der Schlange muss also der Kopf zertreten werden und nicht dem Menschen! Eine Erkenntnis, die Sophisten geradezu umkehren, ins Gegenteil pervertieren, sodass sie deshalb des Menschen Ich und selbstständiges Denken verhindern wollen und als Illusion bezeichnen. Aus diesem Grund lieben Sophisten auch die Verklärung und nicht die Aufklärung.

Diese »Königssalbung« war dann wohl aber der (dankbare) Grund für die Hohepriester, die Römer dafür zu gewinnen, den wahren Christus (für sie) zu kreuzigen, um so ihr Menschenopfer vollziehen zu können. Ein Menschenopfer, das ihre eigenen Gebote nicht verletzte, da sie die Blutsarbeit nicht selber ausführten, sondern die Römer dafür anstiften konnten, und dazu diente, so ihre Absicht, Jesus vom Grad des Sohnes in den Grad des Vaters zu erheben und gleichzeitig das ewige Leben (beziehungsweise das »ewige Wort«) des wahren Christus, nämlich in Form eines magischen Aktes, auf Jesus zu übertragen. Denn (auch) die Römer duldeten niemanden in Judäa, der sich selbst zum König machte. Weil damit Pilatus, oder sogar der Kaiser in Rom, infrage gestellt war. Diese Salbung entsprach also nicht nur einem Vergehen innerhalb des jüdischen Glaubens, sondern auch einem Hochverrat gegenüber dem römischen Kaiser.

Vor allem Pilatus fürchtete wohl um seine Macht. Obwohl er von Judas wusste, bei wem es sich um den wahren Christus wirklich handelte. Nämlich um den (wahren) Menschen. Judas erzählte ihm davon. Und von dessen ewigem Leben. Und wohl dann auch, dass Jesus und nicht der wahre Christus der von ihnen eigentlich Gesuchte war. In der Hoffnung, dass Pilatus dadurch Jesus verhaften und ihn selbst so dann Messias werden ließe. Leider ahnte Judas nicht, dass zu dieser Zeit die Hohepriester und Pilatus bereits gemeinsame Sache machten. Der Versuch, bei Pilatus mit der Wahrheit seine eigene Erhöhung zum Messias und zum Vater zu erwirken, misslang und war vergebens.

Dass Pilatus den wahren Christus kreuzigen ließ, obwohl er ihn als den (wahren) Menschen erkannte – »Ecce homo!«, »Siehe da der Mensch!«, sprach er, als er ihn beim Verhör erblickte[35] –, kann, gnostisch gesehen, vielleicht damit erklärt werden, dass er sich als römischer Statthalter der Provinz Judäa ebenso erhoffte, das ewige Leben des wahren Christus, von dem er nun durch Judas wusste, auf sich übertragen zu lassen (und dadurch vielleicht selbst gar Kaiser in Rom zu werden). Denn er wusch sich, wie die Hohepriester, die nicht selber töteten, sondern töten ließen, seine Hände in Unschuld. Ein Zeichen dafür, dass er sich also in dieser Stunde mit dem jüdischen Volk solidarisierte und sich gewissermaßen, wenn auch nur für einen kurzen Moment, tatsächlich vom Römertum distanzierte.

Bereits im Jahre 36 n. Chr. wurde Pilatus jedoch vom Kaiser in Rom, dem Kaiser Tiberius (respektive durch dessen Legaten Vitellius), als Statthalter der Provinz Judäa abgesetzt – unter anderem, wie Philo von Alexandria, ein jüdischer Denker, erwähnte, aufgrund »wiederholter Hinrichtungen ohne juristische Verfahren«[36]. Vielleicht aber auch, weil der Kaiser in Rom auch von seinen

---

35 Joh 19, 5.
36 Weitere Vergehen, die Pilatus zur Last gelegt worden sein sollen, waren Bereicherung am Tempelschatz und das Verlegen einer eigenen Wasserleitung in sein Haus auf Kosten der Staatskasse, aber auch Bestechung, Raub, Beleidigung, Zügellosigkeit und Gewalttätigkeit. Pilatus soll 39 n. Chr. unter Caligula Selbstmord begangen haben. An Stelle von Pilatus als Statthalter Judäas wurde 36 n. Chr. Marcellus, ein enger Freund des einflussreichen Senators und Statthalters der Provinz Syriens, Lucius Vitellius, eingesetzt.

Ambitionen, Herrscher über Leben und Tod (ja vielleicht dadurch gar selbst Kaiser in Rom) zu werden, erfuhr.[37]

---

[37] In einer koptischen Version der Pilatus-Akten aus dem 6. Jahrhundert wird davon erzählt, dass sich Tiberius Veronika, die nach katholischer Lehre Christus auf dem Weg nach Golgatha mit ihrem Tuch den Schweiß und das Blut vom Gesicht abgewaschen haben soll (gnostisch gesehen, muss diese Bedeutung absolut nicht stimmen), nach Capri, seinen Alterssitz, holen ließ, damit sie ihn von einer schweren Krankheit heile. Er litt an »Wespen im Kopf«. Ob auch er sich mit dem wahren Christentum auseinandersetzte, zumal unter seiner Regentschaft der wahre Christus gekreuzigt wurde, und er deshalb an »Wespen im Kopf« litt, vielleicht, weil er es nicht verstand? Gnostisch betrachtet, schien auch Veronika auf den Weg des wahren Christus und der Pronoia hinübergewechselt zu sein, auch wenn sie von der Kirche nun für ihre Zwecke benutzt oder missbraucht wird. Denn nach der Legende soll sie (mit ihrem Mann, dem »Gerechten«) in Soulac-sur-Mer an der Atlantikküste gelandet sein. Vielleicht, um Jakobus, einem der Zebedäus-Söhne, deren Mutter nach der Legenda aurea ebenso auf dem Schiff der Maria Magdalena nach Südfrankreich war, zu folgen? Oder auch der Maria Magdalena selbst, da sie von Saintes-Maries-de-la-Mer in Südfrankreich, dem angeblichen Ankunftsort des Schiffes der Maria Magdalena, der Garonne entlang (auf der Via Aquitania über Carcassonne oder vielleicht sogar auf einem römischen Handelsschiff auf der Garonne selbst?) via Toulouse (Tolosa) nach Bordeaux (Burdigala) und dann weiter an die Westküste des Atlantiks nach dem heutigen Soulac-sur-Mer unterwegs gewesen sein soll? Es heißt, dass sie im Jahre 70 n. Chr. in Soulac-sur-Mer gestorben sei.

Das »Lamm Gottes« –
ein Menschenopfer für Jesus

Die Juden selbst bezeichneten die Tötung des wahren Christus als Tötung des »Lammes Gottes«. Der Grund, den Opfertod des wahren Christus als Opfertod des »Lammes Gottes« zu bezeichnen und dadurch gewissermaßen zu verharmlosen – hier wurde ein Mensch und nicht ein Tier geopfert! –, liegt wohl darin, dass Jesus, der Löwe, nicht nur das ewige Leben des wahren Christus, eines Unschuldigen, sondern auch die Macht des Judas, des Widders, für sich zu erlangen erstrebte. Ein weiterer Beweis, dass also nicht Jesus, sondern jemand anderes gekreuzigt worden war, da man diese Kreuzigung sonst als Kreuzigung des »Löwen Gottes« und bestimmt nicht als Kreuzigung des »Lammes Gottes« bezeichnet hätte.[38]

---

[38] Ein anderer Umstand weist ebenfalls darauf hin, dass nicht Jesus der Gekreuzigte war: Zur Zeit, als die Kreuzigung auf Golgatha stattfand, befand sich der Frühlingspunkt, also der Punkt, den die Sonne im Frühling einnimmt, im Sternbild des Widders. Man bezeichnete diese Konstellation in Sterndeuterkreisen – auch die »Weisen aus dem Morgenland« waren Sterndeuter – deshalb als Konstellation, die das »Zeitalter des Widders« anzeigt. In diesem »Widder-Zeitalter« opferte man also vornehmlich einen Widder (oder eben ein Lamm als unschuldigen Widder) für Gott beziehungsweise für die Erhebung eines Sohnes zum Vater. Als Moses lebte, nämlich in der ägyptisch-chaldäischen Zeit, da befand sich der Frühlingspunkt im Sternbild des Stieres. Hier opferte man für Gott oder für die Erhebung eines Sohnes zum Vater den Stier. Die Israeliten schufen, jedoch sehr zum Ärgernis von Moses, nach dem Auszug aus Ägypten ein goldenes Kalb. In heutiger Zeit befindet sich der Frühlingspunkt im

Auch dass dann dieselben Hohepriester, die die Kreuzigung veranlassten, von Pilatus nach der Kreuzigung verlangten, die Inschrift am Kreuz zu ändern, da sie falsch wäre, das heißt, weil also nicht der König der Juden, der Löwe, wie geschrieben stand, sondern (tatsächlich) ein anderer, nämlich das Lamm, ein Unschuldiger, gekreuzigt wäre, untermauert diese Tatsache.

Da Judas als Nachfahre Kains nicht getötet werden durfte – als Nachfahre Kains besaß auch er das Kains-Zeichen –, um dadurch Macht zu erlangen, und der wahre Christus, der letztlich doch auf Judas gesetzt hatte, Unschuldiger war, wurde dadurch der schuldige Widder, also Judas, zum unschuldigen Lamm des wahren Christus. Denn so wie bisher ein Vertreter des nathanischen Stroms durch Ertötung eines Vertreters des salomonischen Stroms zu Weisheit gelangte, gelangte ein Vertreter des salomonischen Stroms in gleicher Weise durch Ertötung eines Vertreters des nathanischen Stromes (die er aber andere für sich ausführen ließ, um sich selbst dabei die Hände nicht schmutzig zu machen) zu Macht. Die Weisheit ist Ausdruck des salomonischen Stroms und die Macht Ausdruck des nathanischen. Aus diesem Grund wohl forderte auch Herodias, die Frau des

---

Sternbild der Fische. Um auf die heutige Zeit hinzuweisen, benutzten die paulinischen Christen deshalb das Fisch-Zeichen als christliches Symbol. Auch war Petrus, auf den die Kirche aufgebaut wurde, ein Fischer. In gleichem Sinne, das heißt, um ebenso auf die kommende Zeit hinzuweisen, die kommende Zeit vorauszunehmen, opferte Abraham, der wie Moses noch im »Zeitalter des Stieres« lebte, (statt seinem Sohn) bereits den Widder, um in den Grad des Vaters erhöht zu werden.

Herodes Antipas, durch ihre Tochter Salome den Kopf von Johannes dem Täufer. Oder Isebel, dass Elias hingerichtet werde.

Der Grund für die Salbung des wahren Gesalbten

Die Frage, weshalb denn die Pronoia, die »Vorsorgende« und »Vorsehende«, den wahren Christus gesalbt und dadurch (symbolisch oder reell) in seinem Wert erhöht, ja gewissermaßen zum König erhoben (aber auch dessen Tod, wie beim Apostel Markus steht, tatsächlich vorausgenommen) hat, kann vielleicht damit beantwortet werden, dass sie auf diese Weise Judas die Bedeutung des wahren Christus (oder auch ihre eigene Bedeutung) deutlich machen wollte. Denn Judas hatte zu dieser Zeit bereits den wahren Christus an die Hohepriester verraten. In der Absicht, dadurch deren Gunst zu erlangen, ihn, Judas, zum ersehnten Messias des auserwählten Volkes zu erwählen.

Vielleicht tat sie es aber auch, um den wahren Christus, dessen schweres Schicksal ihm kurz bevorstand, quasi im Sinne einer Krankensalbung, zu stärken.

Die Salbung des wahren Christus fand in Bethanien statt, also an dem Ort, an dem sowohl der wahre Christus als auch die Pronoia geboren sind. Es ist anzunehmen, dass die Eltern des wahren Christus und der Pronoia, die denselben Namen wie die Mutter von Jesus trug, nämlich Maria, Anna und Joachim waren.

Der wahre Gesalbte, der letztlich für Jesus sterben musste, hat, nach gnostischer Erkenntnis, also nichts mit

Jesus, aber auch nichts mit Judas zu tun. Er muss, gleich wie die Pronoia, als eigenständiger Mensch erachtet werden – obwohl sich dann Jesus mit dem Namen Christus schmückte. Jesus schmückte sich wohl mit diesem Namen, da er dachte und davon ausging, dass durch dessen Kreuzigung auch dessen ewiges Leben tatsächlich auf ihn überging, was aber nicht der Fall war. Er schmückte sich also wie der Mond mit dem Licht der Sonne, um damit selber wie die Sonne zu scheinen, sich als »Sonne« selber dadurch offenbaren zu können. Sein Name ist deshalb bis heute Jesus Christus.

Im Gegensatz zur Pronoia, deren Name (oder Eingeweihten-Name) mit Maria angegeben werden kann – da viele Frauen den Namen Maria trugen, ist es zum Teil sehr schwer zu eruieren, wer damit letztlich dann wirklich immer gemeint ist[39] –, weiß man über den Namen des wahren Christus nichts.

---

39 Beim Apostel Johannes heißt es, dass Maria dem wahren Christus die Füße mit ihrem Haar getrocknet habe. In der Eingeweihten-Sprache beziehen sich Haare auf den nathanischen Strom. (Dies gilt auch bei den Männern. Auch »mit einem Fell bekleidet« weist auf den nathanischen Strom hin, wie bei Johannes dem Täufer. Tücher beziehen sich dagegen auf den salomonischen Strom.) Doch damit könnte auch Maria Magdalena gemeint sein, da auch diese dem nathanischen Strom angehört. Hinweise in anderen Schriften, unter anderem in der Nag-Hammadi-Schrift, deuten jedoch darauf hin, zumindest vom gnostischen Standpunkt aus betrachtet, dass es sich bei dieser Maria nur um die Pronoia handeln kann. Und eben auch, dass die Pronoia wohl Maria geheißen hat.

DER ABEL-/SETH- UND DER KAIN-STROM

So wie Jesus als Repräsentant (oder sogar als Wiederverkörperung?) Seths, der Abel ersetzt hat, gleich wie der Stamm Juda, symbolisch mit dem Löwen in Zusammenhang steht, kann man deshalb die Abel- oder Seth-Völker als Völker der Löwen oder Könige und dadurch auch als Völker der Betuchten und Reichen bezeichnen. Sie sind Ausdruck einer Elite – und gehören allesamt wie Jesus zu den Auserwählten. Das jüdische Volk ist also auch auserwähltes Volk, weil es mit dem Löwen im Zusammenhang steht und Elite-Volk ist.

Kain-Völker dagegen kann man wie Judas, der mit Kain und symbolisch mit dem Widder in Zusammenhang steht, als Völker der Schafe (Widder) und dadurch als Völker der »Behaarten« beziehungsweise der mit Fell Bekleideten, aber auch, weil Kain selbst ebenso Ackerbauer war, als Völker der Ackerbauer verstehen. Sie sind Ausdruck der nicht-elitären, »armen«, »einfachen« Menschen, also der Schafe Gottes, von denen es viele gibt, die von Hirten geleitet werden, und gehören allesamt, je nach Hirte, aber auch je nach Ackerbauer, zu den Berufenen. Diesem Strom, der auf Kain zurückgeht, entstammen auch die Baumeister, welche für die Könige Tempel und Kathedralen errichteten.

Kain und nicht Abel war Hirte

Wenn im Alten Testament der Bibel, der Genesis, Abel und nicht Kain als Hirte bezeichnet wird, so ist das aus gnostischer Sicht falsch. Und dies schon aus dem Grund, weil ein Repräsentant des königlichen Stromes, also Seth, wohl niemals jemand ersetzte, der nicht ebenso dem königlichen Strom angehörte. Dies widerspräche nicht nur der Schrift und der Regel, sondern machte auch grundsätzlich keinen Sinn.

Dass Abel in der Bibel, einer von Vertretern des königlichen, salomonischen Stroms selbst zusammengetragenen und verfassten Schrift, aber dennoch als Hirte bezeichnet wird, kann mit dem gleichen Grund erklärt werden, wie beispielsweise auch Jakob sich als Esau ausgegeben hat, um sich dadurch das Erstgeborenenrecht und somit die Gunst von Gott zu ermöglichen. Dasselbe tat dann ja auch Jesus wieder, indem er sich quasi als Judas, dann aber sogar als wahrer Christus, was noch relevanter ist, ausgegeben hat.[40] Es ist dies ein Merkmal des

---

40 Man erinnere sich daran, dass Judas in der Bibel, nach gnostischer Erkenntnis, zum Beispiel beim Stammbaum des Apostels Lukas, nicht mehr als Judas, sondern sogar als Jesus bezeichnet wird, nämlich als Jesus des nathanischen Stroms. Und dies dann auch immer wieder. Sodass man als Laie beim Durchlesen der Bibel nicht mehr unterscheiden kann, ob es sich bei Aussagen und Beschreibungen von Jesus wirklich um Aussagen und Beschreibungen von Jesus oder aber doch vielmehr um Aussagen und Beschreibungen von Judas (oder sogar tatsächlich vom wahren Christus) handelte – und dadurch völlig den Überblick verliert. Ebenso beschreibt die Bibel Jesus als »Lamm Gottes«, das angeblich am Kreuz für die

salomonischen Stroms, dass er das übernimmt und als sich selbst ausgibt, was dem nathanischen Strom angehört, um sich selbst damit zu schmücken. Die Betuchten schmücken sich also mit dem, was ihnen (vielfach) selbst nicht gehört und was sie selbst nicht sind – und deshalb auch mit einer Äußerlichkeit. Wie der Mond, der sich mit dem Licht der Sonne schmückt, um dadurch selbst, wenn aber nur scheinbar, Sonne zu sein. Auch oder eben gerade aus diesem Grund hatte Kain wohl Abel erschlagen. Weil dieser sich (nebst dem, dass er bereits *sein* Tieropfer zelebrierte[41]) vor Gott mit der Besonderheit Kains

---

Menschen gestorben sei – obwohl das »Lamm Gottes«, nach gnostischer Erkenntnis, dem wahren Christus entspricht.

41 So wie Abel Gott Jehova das Tieropfer Kains darbrachte und sich dadurch in seiner Bedeutung zum Hirten der Schafe Kains machte, so brachte Jesus als Repräsentant Seths, der anstelle Abels gerückt ist, am letzten Abendmahl, das als Mahl des Abends eigentlich für Judas bestimmt war, indem er symbolisch Wein in sein Blut und Brot in seinen Leib wandelte, das Pflanzenopfer Kains dar, sodass er dadurch auch die Bedeutung Kains, dessen Repräsentant Judas war, als Ackerbauer auf sich übertrug. Es war dies der Zeitpunkt, als Judas plötzlich begriff, welche Machenschaften gegen ihn in Gange waren. Nicht nur seine Bedeutung als Hirte, sondern auch seine Bedeutung als Ackerbauer sollte ihm also genommen und auf Jesus übertragen werden, um letztlich dadurch, nämlich mit Hilfe der Hohepriester, in die er bisher vollstes Vertrauen hatte, tatsächlich Jesus und nicht ihn zum Messias zu küren. Er musste deshalb etwas unternehmen, um seine Berufung als Messias, die ernstlich in Gefahr war, in letzter Sekunde noch zu retten. Denn alles, was er war, ja seine gesamte Bedeutung, riss Jesus an sich. Er eilte zu den Römern, um jetzt auch Jesus zu verraten. Leider verhalf ihm auch Pilatus nicht zu seinem vermeintlichen Recht.

ausgegeben hat, um vor Gott zu glänzen. Und bereits hier »funktionierte« diese Vertuschung.

»Bin ich denn der Hüter (auch) meines Bruders?«, meinte Kain, als er Abel erschlagen hatte. Wohl, um damit dessen Tat und Geringschätzung auszudrücken und seine zu rechtfertigen. Antwort: Nein, natürlich nicht. Er ist allein der Hüter seiner eigenen, also ihm gehörenden Schafe! Kain war also Hüter *und* Ackerbauer. Besorgter und Sorgender. Und Betrogener.

Schon damals, in den Anfangszeiten, hatte also der königliche, salomonische Strom dem nathanischen Strom dessen Bedeutung weggenommen, sich mit dessen Lorbeeren geschmückt.

Die Berufenen und Auserwählten als Erst- und Zweitgeborene

Während die Berufenen meist die Erstgeborenen (und auch die Älteren oder Ältesten) sind, sind die Auserwählten meist die Zweitgeborenen (und die Jünger oder Jüngsten).

Mit Judas gehören die Berufenen und dessen Schafe gleichzeitig also zum Strom oder Stammbaum Nathans. Mit Jesus dagegen gehört die Elite zum Strom oder Stammbaum Salomons. Auf der einen Seite haben wir also die Schafe, die von ihrem Hirten (Judas) geleitet werden (wenn der Papst als Stellvertreter Jesu sich als Hirte oder sogar als Oberhirte bezeichnet, so schmückt auch er sich damit also mit falschen Federn), und auf der anderen Seite eine Elite, in deren Mittelpunkt der

König oder Kaiser (Jesus) steht – und sich der Schafe des Hirten aber bemächtigt. (Man denke hier an die Bedeutung und die Absicht der Aufklärung, die den einzelnen Menschen, also die einzelnen »Schafe«, zur Mündigkeit und somit zur Selbstverantwortung führen wollte! Nur so können sie, die »Schafe«, sich auch von Obrigkeiten (und auch von deren religiöser Doktrin und Dreistigkeit) befreien.)

Die Bezeichnung König entspricht in der Eingeweihten-Sprache dem Einweihungsgrad des Sohnes (oder aber auch des Gesellen!) und die Bezeichnung Kaiser dem Einweihungsgrad des Vaters (oder auch des Meisters). Wenn die Christen heute noch ihren »Meister« als König und nicht als Kaiser bezeichnen, so negieren sie dessen Erhöhung respektive »Himmelfahrt« zum Vater. Die Bezeichnung Papst dagegen entspricht dem Grad des Vaters oder des Kaisers. Aus diesem Grund war auch der Papst in Rom das Pendant zum Kaiser in Konstantinopel. Doch während der Papst in Rom den salomonischen Strom vertrat, der Ausdruck von Weisheit ist, sich aber mit der Macht Kains versah, so vertrat der Kaiser in Konstantinopel den nathanischen Strom, der Ausdruck von Macht ist, sich aber mit der Weisheit Seths verband. Mit dem salomonischen Strom kam das Morgenland also ins Abendland und mit dem nathanischen Strom das Abendland ins Morgenland. Beide Ströme besetzten jeweils das Einflussgebiet des anderen – mit dem Unterschied jedoch, dass der nathanische Strom, der ursprünglich auf Kain zurückgeht, nun seit Golgatha nicht mehr mit Judas, sondern mit Pilatus in Zusammenhang steht. Denn auch Pilatus hat Judas durch sich selbst ersetzt.

Judas als Messias der Juden

Da Judas den Namen der Juden trägt, könnte oder müsste also durchaus er und nicht Jesus als eigentlich ersehnter Messias des jüdischen Volkes erachtet werden, so wie das auch Johannes der Täufer anfänglich tat. Denn als auf einmal Jesus vor ihm auftrat und seinen Messias-Anspruch kundtat, da war er verunsichert. Der Grund, weshalb Judas aber nicht Messias werden durfte, hat auch damit zu tun, dass sich die Elite nicht einfach so abschaffen und verdrängen ließ. Denn die Elite sind jene, die (meist) ernten, ohne zu säen, während die Schafe, nämlich als Ackerbauer, jene sind, die (meist) säen, ohne zu ernten – weil ihnen das, was sie ernten, von der Elite abgenommen wird. (Zu den Ersteren, also zur Elite, gehören mittlerweile auch die sogenannten »Promis«, die ihr Leben damit verdienen, dass sie nichts (oder nur Scheinbares) tun und sich selbst zur Schau stellen.) Aber auch, dass das jüdische Volk letztlich kein Volk von Schafen, sondern ebenso ein Elite-Volk war, das sich letztlich nicht von einem Hirten leiten lassen wollte. Das Elite-Volk, also das jüdische Volk, hätte dadurch also »abgeschafft« werden müssen. »Abgeschafft«, weil es nur dafür dienlich gewesen sein könnte, eben Judas als Hirten hervorzubringen, der dann seine Schafe als Messias zum ewigen Leben führte. (So wie bereits damals Abel »abgeschafft« wurde, als er von Kain erschlagen, jedoch aber (ebenso) durch Seth und nicht etwa durch Kain, der ihn erschlagen hatte, ersetzt wurde. Doch hatte Kain damals Leben ausgelöscht, so hätte er diesmal als Judas Leben, ja sogar das ewige Leben, gebracht, sodass ein Unterschied zwischen diesen beiden Ausgangslagen bestand. Einer jedoch, der von den Hohepriestern, dies als Ausdruck Judas' persönlicher Tragik, dennoch nicht anerkannt, ja in seiner Bedeutung sogar in vehementester Weise bekämpft wurde.)

Der Tag- und der Nachtbereich

Der Strom oder Stammbaum, der mit Judas und dadurch auch mit Nathan in Zusammenhang steht, wird innerhalb des gnostischen Christentums auch als schwarzer oder dunkler Strom bezeichnet. Weil er – in der Eingeweihten-Sprache gesprochen – Ausdruck des »Nachtbereichs« (und des Abends) ist. Dessen Vertreter werden deshalb mit der Bezeichnung schwarz versehen, so wie die schwarze Madonna oder die schwarze Sarah, oder aber mit den Begriffen Nacht oder Mitternacht. Wenn bei Elias steht, dass einer erwacht um Mitternacht, so ist damit Judas gemeint. (Er erwacht um Mitternacht und kommt vom Aufgang der Sonne! Das heißt eindeutig, dass er es eigentlich war, der als Messias erwartet wurde, und nicht Jesus.) Der schwarze oder dunkle Strom hat mit den Denk- und Sexualkräften zu tun. Er entspricht letztlich der irdischen oder auch weltlichen Richtung.

Der Strom oder Stammbaum, der dagegen mit Jesus und dadurch auch mit Salomon in Zusammenhang steht, wird innerhalb des gnostischen Christentums – in der Eingeweihten-Sprache gesprochen – als Strom des »Tagbereichs« (oder des Morgens) bezeichnet. Er hat mit den »Herz«- und den Kehlkopfkräften, das heißt mit der

Emotionsebene (Fühlebene) und den (meist »schönen«, aber auch, wenn nötig, manipulativen) Worten, die auf diese Emotionen einwirken, um damit eigene Absichten zu ermöglichen, zu tun – und entspricht letztlich der klerikalen, »himmlischen« Richtung, also der Richtung der Priester.

Eigene Absichten wurden beispielsweise ermöglicht, als die Hohepriester das Volk aufwiegelten, um nicht den wahren Christus, sondern Barabbas frei zu lassen.[42] Pilatus stellte im Prozess gegen den wahren Christus das Volk vor diese Entscheidung, da er, durch Judas, dessen Unschuld erkannte – und wohl sein weiteres Vorgehen damit definitiv ausrichten wollte. (Barabbas scheint in der Eingeweihten-Sprache Judas, der Hirte des Volkes, gewesen zu sein, da Bar-Abba, ein Patronym, auf hebräisch Sohn Gottes heißt. In der ursprünglichen Bibel-Fassung wird er sogar auch als Jesus Barabbas bezeichnet, wobei hier dann tatsächlich der nathanische Jesus gemeint wäre. In einer Prophezeiung über Judas heißt es, er werde als »Sohn des höchsten Gottes« genannt werden. Hier wurde also mit Barabbas und dessen Freilassung wohl der »Widder« definitiv mit dem »Lamm« ausgetauscht.[43])

---

42 Joh 18, 40, Mt 27, 16–26, Mk 15, 7–15, Lk 23, 18.
43 Das würde also bedeuten, dass nicht nur der wahre Christus, sondern auch Judas von den Römern verhaftet wurde. Und das machte auch Sinn, da Judas mit seinem Wissen zu gefährlich für den beabsichtigten Plan, den die jüdischen Hohepriester und Pilatus gemeinsam durchführen wollten, nämlich den wahren Christus, einen Unschuldigen, für Jesus zu opfern, gewesen sein könnte. Judas wurde also erst als Barabbas wieder frei gelassen – und zwar dann, als man auch das Volk definitiv auf seiner Seite wusste respektive Pilatus eingesehen

Sowohl Weihnachten als auch das Abendland haben mit Judas zu tun

Diese Erkenntnisse führen weiter zur Feststellung, dass deshalb (auch) Weihnachten in der abendländischen Welt falsch gefeiert wird. Denn beides, also sowohl Weihnachten als auch das Abendland, gehörten eigentlich Judas, weil er der Vertreter der Nacht und des Abends war. Und nicht Jesus, dem Vertreter des Tages und des Morgens. Denn es sind auch die Hirten, die ihre Schafe (Widder) an die K-rippe (oder Ge-rippe K-ains) brachten, die sie von Nachtwache zu Nachtwache behütet hatten. Auch fand die Geburt an einem ärmlichen Ort, in einer Höhle gar – war es die Höhle Platons? –, statt.

Dies im Gegensatz zum 6. Januar, dem Tag der Epiphanie, also dem Tag des Lichts. An diesem Tag wurde Jesus geboren. Dann kamen auch die Könige und Weisen aus dem Morgenland und brachten ihm allerlei Geschenke, sodass man an diesem Tag auch den Dreikönigstag feiert.

---

hat, trotz seiner Frau, die ihn vor dem »Gerechten« warnte, gegen die Hohepriester nichts ausrichten zu können (oder auch nichts ausrichten zu wollen, da er vielleicht ebenso persönlich vom ewigen Leben des wahren Christus profitieren wollte). Die Macht der Hohepriester, das Volk zu beeinflussen, war erschreckend groß. Sie beeinflussten es, indem sie es aufwiegelten und so wohl in ihre gewünschten Bahnen lenkten. »Nicht diesen, sondern Barabbas!«, schrie das Volk, als ihm Pilatus den wahren Christus zur Freilassung empfahl. Judas wurde wohl unter demselben Vorwand verhaftet wie der wahre Christus, nämlich: sich als König ausgegeben zu haben.

Bei beiden Geburten war Josef zugegen, da er der Vater beider Söhne (und, gnostisch gesehen, wohl auch, wie Adam für Kain, der Zimmermann der K-rippe) war. (Die Behauptung der Bibel, dass Jesus ohne Josef, also »unbefleckt«, gezeugt wurde, ist eine Mär und kann nur als Aussage einer Eingeweihten-Sprache richtig verstanden werden. Sie bedeutet wohl, dass Jesus beispielsweise im Tempel, dem Ort der Reinheit (vielleicht gar als eine Art künstliche Befruchtung?), gezeugt wurde. Sie ist im gleichen Sinne zu deuten wie jene, dass Pilatus, der den Mord am wahren Christus, einem Unschuldigen, von sich wies, behauptete, »seine Hände in Unschuld« zu waschen.) Nur die Mutter war jeweils eine andere. War bei der Geburt von Judas an Weihnachten, also in der Nacht der Weihe, nämlich der Weihe zum zukünftigen Messias, die Mutter die schwarze Sarah, so war am Tag der Epiphanie, dem Tag des Lichts, die Mutter die Maria Salome, auch salomonische Maria genannt.

Ein Denker als Messias, der seinen eigentlichen Auftrag vergaß

Da es scheint, dass ursprünglich tatsächlich Judas der ersehnte Messias gewesen war – es sollte also ein Denker der Retter der Menschheit werden –, glaubte wohl auch Judas bis zuletzt an seine Mission. Doch statt sich mit dem wahren Christus, und dadurch letztlich dann auch mit der Pronoia, zu verbinden und so das Volk beziehungsweise die einzelnen Menschen des Volkes zur Mündigkeit und zum selbstständigen Denken zu führen, also das zu tun, was später wohl eine Aufklärung gewissermaßen nachzuholen versuchte (und auch die heutige Kirche verhindert), verriet er den wahren Christus. Er verriet ihn, um damit selbst, so wohl seine Hoffnung und Absicht, Herrscher über Leben und Tod, ja Herrscher über den Menschen und die Welt werden zu können – was jedoch auch sein Stiefbruder, Jesus, der deswegen mit den Hohepriestern paktierte, als Absicht und Plan in sich hegte. Er glaubte tatsächlich, auf diese Weise, also mit einem Menschenopfer, zum »Sohn des höchsten Gottes« erhöht zu werden, wie es für ihn prophezeit wurde.

Die Selbstbezogenheit und die Sucht nach Größe, ja der Wahn nach eigener Vergottung, wie dies sonst dann bei römischen Kaisern wie Nero oder Caligula nach ihm üblich war, ließen ihn wohl verblenden und seinen wahren Auftrag, nämlich im Sinne des wahren Christus, aber auch im Sinne der Pronoia, seine »Schafe«, also den Menschen generell, zum individuellen wahren, selbstständig denkenden Menschsein zu führen, vergessen. Nur aus diesem Grund wurde er nämlich als Jüngling von Nain vom wahren Christus von den Toten erweckt. Das heißt, sein schlafendes Ich in seinem abbildhaften Zustand (Waagrechte) zum bewussten Ich (Senkrechte) und somit vom unmündigen Ich des Taus zum mündigen Ich des Kreuzes[44] geführt, also aufgerichtet. So wie dann

---

44 Das Kreuz ist ein Tau mit Kopfteil, also ein Symbol für den mündigen, individuellen Menschen, der (selbstständig) denken kann. Aus diesem Grund wurde der wahre Christus am Kreuz und nicht wie seine Häscher auf der linken und rechten Seite neben ihm am Tau hingerichtet. Es war Pilatus, der den wahren Christus am Kreuz und nicht

Lazarus nach ihm, der an seine Stelle trat. Oder Maria Magdalena. »Stehe auf!«, sprach er bei jeder Erweckung. Und wie bei Lazarus: »Komme heraus aus der Höhle (der Höhle Platons?)!«

Judas' Intellekt schaffte es also nicht bis hin zur Vernunft und zur wahren Vorsehung, sondern blieb allein im Verstand verhaftet.[45]

Ein Mitgrund für seine Schwäche lag vielleicht darin, dass er umso mehr von Jesus, der die gleiche Absicht

---

am Tau kreuzigen ließ. Weil er im wahren Christus den wahren Menschen (»Ecce homo!«) erkannte. Durch Judas, der von ihm erzählt hat. (Wäre Jesus gekreuzigt worden, so hätte ihn Pilatus wohl ebenso am Tau und nicht am Kreuz hingerichtet.) – Das Kreuz wird heute von der Kirche also zu Unrecht als Symbol verwendet, da sie vielmehr das Tau vertritt. Sie vertritt das Tau und nicht das Kreuz, weil sie die Verklärung und nicht die Aufklärung will und den Menschen bewusst zur Unmündigkeit erzieht. »Werdet wie die Kinder!«, ist ihre Losung – und sie selbst beziehungsweise der Papst als »Oberhirte« die allein bestimmende Instanz für die Wahrheit.

45 In Platons Ideenlehre, dem Liniengleichnis, liegt der Wahrnehmungsbereich der Vernunft und des Wissens (Episteme) über dem Wahrnehmungsbereich des Verstandes und des Nachdenkens (Dianoia). Platon teilte das menschliche Bewusstsein in zwei Ebenen, in eine untere und in eine obere. Beide Ebenen beinhalten jewels zwei Wahrnehmungsbereiche. Die obere Ebene bezeichnete er als Ebene der Erkenntnis (Noesis) und die untere Ebene als die Ebene der Meinung (Doxa). Der Wahrnehmungsbereich der Vernunft (Episteme) und der Wahrnehmungsbereich des Verstandes (Dianoia) gehören beide zur oberen Ebene, der Bewusstseinsebene der Erkenntnis (Noesis); Vermutung, Spekulation (Eikasia) und Glaube (Pistis) dagegen der unteren, der Bewusstseinsebene der Meinung (Doxa). Zuunterst befindet sich die Vermutung und die Spekulation.

hegte, erst eigentlich zum Verrat dann getrieben wurde, nämlich durch dessen Gebaren und Ehrgeiz. Indem er durch diesen, direkt oder indirekt, dazu verführt wurde. Dadurch gab er jedoch sein Seelisches, aber auch sein wirklich Menschliches auf. Mit der tragischen Konsequenz, dass er sich selbst dann erhängte – und sich so (ebenso) zum Menschen ohne Kopf, also zum Tau-Wesen, zum allein abbildhaften Menschen, dem Tier gleich, degradierte.

Judas wollte also nicht das Kreuz auf sich nehmen, Mensch werden. Nein, er entschied sich, und mit seiner Selbsterhängung dann wohl definitiv, für das Tau, das Tier. Für das Tau, das er von Gott als Kains-Zeichen auf seine Stirne markiert bekam. Somit wäre es also tatsächlich besser gewesen, er, Judas, wäre nicht (oder nie?) geboren.

Judas wurde abermals übergangen und betrogen

Dass er bitterlich weinte und sich erhängte, war wohl nicht nur deshalb, weil nicht er, sondern Jesus zum Messias gekürt wurde, sondern auch, weil er sich als Vertreter des nathanischen Stroms abermals vom salomonischen Strom übergangen und betrogen sah – und sich auch nicht von seinem Schicksal mehr befreien konnte.

Das erste Mal sah er sich übergangen und betrogen, als Gott ihm als Kain Abels Opfer, ein Tieropfer, das eigentlich sein Opfer war, vorzog und er deshalb Abel, der sich zudem als Hüter ausgab, obwohl er keiner war, erschlug. Und das zweite Mal jetzt mit Jesus. Obwohl er jetzt seine

Untat von damals, seinen Mord, hätte ausgleichen, sühnen können, indem er sich seiner wahren Berufung bewusst geworden wäre. Wohl aus diesem Grund trat auch der wahre Christus an ihn heran.

Dass er über den Verrat selbst weinte und so des einzelnen Menschen wirkliche Rettung bedauerte, scheint, aus gnostischer Sicht, sehr unwahrscheinlich. Judas weinte allein über sich und seine verhinderte Gottwerdung, sein Versagen, nicht über den Menschen. Eine Bitternis, die dann wohl in Hass umschlug. In Hass, der sich, nach gnostischer Erkenntnis, bei all seinen nächsten Verkörperungen (aber auch bei all den Menschen, deren er sich »bediente« oder »bediente«) wohl rächen sollte. Nämlich an den Juden. Aber dann auch an den Christen.

Mit Hilfe der Hohepriester, aber auch mit Hilfe der Römer, die Judas gänzlich übergingen und den wahren Christus für Jesus kreuzigten, übernahm Jesus also das Zepter und verdrängte Judas. Er verdrängte Judas, indem er dessen Verrat für sich nutzte und die gesamte Bedeutung, die er innehatte, auch diesmal wieder, an sich riss, übernahm. Er, der König der Juden, gehörte zu den Betuchten und Reichen, die mit dem »Löwen« des Hauses Juda im Zusammenhang stehen. Also zu jenen, die dann auch in Rom zu Ehren Gottes, dem Tempel Salomons gleich, einen prunkvollen Kaiserpalast erbauten. Einen Kaiserpalast, in dem der »Stellvertreter Gottes« beziehungsweise dessen »Sohnes« – in aller selbstinszenierten Bescheidenheit und Öffentlichkeit – bis heute fromm sein, wohnen und herrschen kann.

Als der Hahn dreimal krähte und somit den Anbruch

des Tages[46] verkündete, war die Machtübernahme vollbracht und die Intrige (vorerst) beendet.

---

[46] Mit Anbruch des Tages ist natürlich der Beginn des Tagbereichs gemeint, den Jesus repräsentierte, und somit tatsächlich dann der Beginn der Macht Jesu. Er, Jesus, kam als Dieb in der Nacht. Als Dieb, der Judas seine gesamte Bedeutung (und auch seinen Ruf) gestohlen hat. Nämlich dann, als der Mensch – und deshalb auch Judas, nämlich durch Jesus, der ihn verführte – sein selbstständiges Denken aufgab, also nicht wach blieb, und sich verklären ließ. Also verklären ließ, wie auch die Kirche heute den Menschen verklären will, um ihn für sich respektive für Jesus, den sie vertritt, zu gewinnen. Denn alle Menschen sollen ihr Ich aufgeben und ihre Leiber hergeben, damit Jesus darinnen wohnen kann. Der »Leib Christi«, der aber der Leib Jesu ist, soll der Leib aller Menschen sein, die sich dafür hingeben, ja selbst opfern. »Nicht ich, sondern Christus in mir!«, ist die Losung. Und das »Opferlamm« dafür jeder einzelne, individuelle Mensch.

PETRUS UND PAULUS

Als die Hohepriester bemerkten, dass die Übertragung des ewigen Lebens auf Jesus misslang, stießen sie ihn von sich und fingen an, dessen Anhänger zu verfolgen. Die erste Christenverfolgung geht also auf die jüdischen Hohepriester und nicht auf die Römer zurück.

Nur Petrus und Paulus, zwei völlig Unbedarfte, also ein Fischer und ein Zeltmacher[47], waren von einer geglückten Übertragung überzeugt, und dies, obwohl keiner von beiden in die wirklichen Zusammenhänge eingeweiht noch beispielsweise persönlich bei der Kreuzigung dabei war. Beide konnten also rein von ihren Grundlagen her nicht beurteilen oder wissen, was wirklich vor sich ging, was wirklich geschah – und auch, was noch relevanter ist, was letztlich wirklich der Wahrheit entsprach. Auf beiden aber baute die Kirche dann ihren (Wunder-)Glauben auf.

Auch wussten beide nichts von der Existenz eines wahren Christus, geschweige denn von der Existenz einer Pronoia, sodass deshalb auch nichts von einem wahren Christus und einer Pronoia im christlichen Glauben enthalten ist. Nicht mal Petrus, der, im Gegensatz zu Paulus, persönlicher Jünger von Jesus war, wusste davon.[48] Und Petrus auch dann nicht, als sich der wahre Christus im

---

47 Die Bezeichnungen Fischer und (vielleicht) auch Zeltmacher müssen auch hier natürlich dennoch im Sinne einer Eingeweihten-Sprache verstanden werden.

48 Jesus musste vom wahren Christus gewusst haben, weil er auch wusste, dass Judas ihn verraten würde. Von einer Pronoia dagegen wusste auch er nichts. (Die heutige Kirche,

Garten Gethsemane bei Nacht, kurz vor der Gefangennahme durch die Römer, noch persönlich an ihn, und auch an Johannes und Jakobus, wandte, um ihm, und den beiden anderen Jüngern, die wirkliche Situation zu erklären. Denn als er vor dem Palast der Hohepriester von drei Mägden auf den wahren Christus angesprochen wurde, da verleugnete er den wahren Christus. Er verleugnete ihn dreimal. »Ich kenne diesen Menschen nicht!«, sprach er zu den Mägden, die auf ihn zutraten und ihn ansprachen. Das heißt, er verleugnete den wahren Christus also, weil er ihn wirklich nicht kannte, und nicht, weil er ihn verleugnen wollte. Er sprach die Wahrheit, die felsenfeste Wahrheit. Und er blieb standhaft – so wie es zuvor Jesus von ihm verlangt hat.

Denn dieser bestand darauf, dass Petrus, gleich was auch bald geschehe, standhaft an ihn glauben müsse. Alle würden sie verwirrt werden über die kommenden Ereignisse, prophezeite er seinen Jüngern am letzten Abendmahl, als Judas bereits zu den Römern unterwegs war. Doch nichts davon, warum. Es war dies jener Moment, wo er grundsätzlich versuchte, seine Jünger ganz für sich zu gewinnen. Denn die Frage, wer nun Messias werden würde, schien bis dahin auch bei den Jüngern noch nicht geklärt, sodass sie auch darüber gemeinsam am letzten Abendmahl debattierten, ja stritten.[49]

---

die auf Petrus und Paulus aufgebaut ist, weiß sowohl von einem wahren Christus als auch von einer Pronoia nichts.)
49 Lk 22, 24–27.

Jesus, der Wundersame,
und die drei Mägde auf der Suche

Sie stritten sich darüber, wer denn unter ihnen als der Größte zu erachten sei, also er, Jesus, oder aber doch Judas, da über diesen prophezeit wurde, Größter zu werden. Und dennoch entschieden sie sich letztlich für Jesus. Denn dieser erklärte ihnen, wohl in überzeugendster, wundersamer Weise, dass in der Welt immer die Könige herrschen und die Gewaltigen als gnädige Herren geheißen werden. Damit sprach er von sich selbst. Auch seine Aussage, dass der Größte wie der Jüngste und der Vornehmste wie ein Diener wäre, wies auf ihn selbst. »Denn welcher ist größer: der zu Tische sitzt (Judas) oder der da dient (er, Jesus)?«

Die drei Mägde, die Petrus vor dem Palast der Hohepriester ansprachen, taten dies wohl, weil sie selbst auf der Suche nach dem wahren Christus waren und sich durch ihn, Petrus, weitere Auskunft erhofften. Denn bei den drei Mägden handelte es sich, zumindest nach gnostischer Erkenntnis, wohl um Martha, die Mutter der Zebedäus-Söhne und die Mutter des Kleophas, also um jene drei Frauen, die dann auch bei der Kreuzigung auf Golgatha gesichtet wurden (und sich gemäß der Legenda aurea, gemeinsam mit der schwarzen Sarah, Maria Salome und Lazarus, mit im Boot befanden, das Maria Magdalena von Ephesos nach Südfrankreich gesteuert hat). Doch außer Judas und Pilatus und dann den Hohepriestern, die den wahren Christus nach der Verhaftung von den Römern deshalb extra in ihr Hohes Gericht noch überführen ließen, bevor sie ihn dann endgültig Pilatus aushändigten – sie taten dies, um auch zu überprüfen, ob die Römer wirklich den Richtigen und nicht etwa Jesus verhaftet hatten –, wusste tatsächlich niemand, wer wirklich der wahre Christus war. Weil es sich dabei um ein geheimes Machtspiel, um eine Intrige, ja, um ein Komplott handelte. Es ist anzunehmen, dass zu diesem Zeitpunkt auch Judas, von dem Pilatus, aber letztlich auch die Hohepriester das Wissen über den wahren Christus hatten, gefangen genommen war, weil er für alle zu gefährlich werden konnte, und erst als Barabbas wieder frei gelassen wurde.

Weil man sichergehen wollte, dass niemand irgendetwas von den geheimen Plänen und auch vom wahren Christus wusste, musste deshalb auch Petrus selbst, gemeinsam mit Johannes, beim Hohepriester Hannas vorsprechen, um diesem Rechenschaft abzulegen. Denn er machte sich verdächtig. Auch weil er einem Gesellen, dem Gesellen Malchus, bei der Verhaftung im Garten Gethsemane mit seinem Schwert das rechte Ohr abhieb. Denn das Risiko, dass durch irgendjemand, nämlich als möglicher Mitwisser, das geplante Menschenopfer des wahren Christus hätte gefährdet werden können, war zu groß. Doch als Hannas erkannte, dass beide Jünger, also Petrus und Johannes, der ihm bekannt war, weiterhin ohne Wissen waren, und dies auch trotz der kurzen Begegnung mit dem wahren Christus im Garten Gethsemane, und auch weiterhin Jesus als ihrem Meister huldigten und die Treue hielten, da ließ er sie gehen.

DIE INTRIGE

Nachdem der wahre Christus im Garten Gethsemane die Jünger Petrus, Jakobus und Johannes auf seine Seite nahm, um sie über die tatsächlichen Gegebenheiten und Hintergründe und deshalb auch über die kommenden Ereignisse, wenn auch vergeblich, aufzuklären – er trat wohl an diese drei Jünger heran, weil diese, wie bei der Verklärung auf dem Berg Tabor offenbar wurde, die Nachkommenschaft von Moses, Elias und Jesus selbst übernehmen sollten –, da erschien in der Dunkelheit der Nacht Judas mit den Römern, die jenen, dem er einen Kuss gab, gefangen nehmen sollten. Es erschienen aber auch Gesellen der Hohepriester, nämlich mit Knütteln.

Als Judas Jesus einen Kuss gab – dadurch wollte er sich selbst retten, weil er am letzten Abendmahl erkannte, dass Jesus Messias werden und ihn deshalb verdrängen wollte –, da fassten die Römer diesen – und es entstand ein Gerangel. Ein Gerangel, im Verlaufe dessen Jesus von den Gesellen der Hohepriester wohl angegangen und dadurch befreit und mit dem wahren Christus ausgetauscht wurde.

Aller Wahrscheinlichkeit nach befreiten die Gesellen der Hohepriester Jesus, indem sie ihm sein Gewand auszogen und dadurch die Flucht ermöglichten – und dieses Gewand dann gleichzeitig dem wahren Christus überzogen, um damit letztlich auch dessen »gotteslästerndes« Auftreten als »König der Juden«, der er ja aber nicht war, vor den Hohepriestern und vorab auch vor den Römern, die ihn abführten und ebenso nichts von den wahren

Zusammenhängen erfahren sollten, zu »beweisen«. Zumindest würde dies erklären, weshalb in der Bibel von einem Jüngling, das heißt von einem noch nicht zum Vater eingeweihten Sohn – auch Judas war, bevor er den Namen Judas erhielt, ein Jüngling oder Sohn, nämlich der Jüngling oder Sohn von Nain, berichtet wird, dem es gelungen wäre, sich bei der Gefangennahme im Garten Gethsemane aus den Fängen der Römer zu befreien, indem er sich seiner Kleider befreite und deshalb nackt vor den Römern floh.[50] Der nackte Jüngling, der, wie in der Bibel berichtet wird, vor den Römern floh, ist oder wäre also Jesus. (Nackt bedeutet hier, dass er als Betuchter ohne Tücher war, weil man diese dem wahren Christus überzog, um den wahren Christus als ihn selber auszugeben.)

Es ist anzunehmen, dass Jesus in den Tempel von Jerusalem floh, wo seine Einweihung in den Grad des Vaters vorbereitet wurde, um sich dort fortan auch zu verstecken.

Pilatus ließ das Grab von Soldaten bewachen

Nach der Kreuzigung wurde der Leichnam des wahren Christus in ein Felsengrab gelegt, das von Römern streng bewacht und mit einem schweren Stein davor geschützt war. Diese Maßnahme veranlasste wohl Pilatus, weil sowohl er als auch die Hohepriester Angst davor hatten, dass die Vertuschung hätte auffliegen können. Er wollte damit verhindern, dass man den Leichnam zu Gesicht

---

50 Mk 14, 51–52.

bekam oder stehlen konnte. Denn es ging das Gerücht um, dass die Anhänger Jesu den Leichnam Jesu stehlen wollten. Niemand aber durfte wissen und in Erfahrung bringen können, dass nicht Jesus, sondern der wahre Christus gekreuzigt worden war und deshalb als Leichnam dort im Grabe lag.

Doch nicht lange später, nämlich vor dem zweiten Tag der dreitägigen Einweihung, vielleicht sogar noch in der Nacht nach der Kreuzigung, da holten die Hohepriester den Leichnam des wahren Christus selbst aus dem Grab, um damit wohl später die »Auferstehung« von Jesus zu beweisen. Dieser befand sich zu dem Zeitpunkt immer noch in einem Einweihungsgrab in Jerusalem, wo er in einen dreitägigen Tiefschlaf versetzt war – um vom Grad des Sohnes in den Grad des Vaters erhöht, aber auch, nämlich in einem magischen Akt, das ewige Leben des wahren Christus, der dafür als Opfer am Kreuz auf Golgatha hingerichtet wurde, übertragen zu erhalten. Es war Josef von Arimathäa, der Pilatus um den Leichnam bat.

Josef von Arimathäa war nicht nur ein reicher Mann – das heißt, er gehörte dem salomonischen Strom an –, sondern auch Mitglied des Hohen Rats der Juden, dem obersten jüdischen Gericht. Er kann jedoch, nach gnostischer Erkenntnis, auch mit Josef dem Zimmermann gleichgesetzt werden, der bereits vor über dreißig Jahren mit der Maria Salome »unbefleckt« im Tempel Jesus gezeugt hat. Bat er Pilatus also nicht nur um den Leichnam des wahren Christus, weil er dies als Mitglied des Hohen Rates von Amtes wegen zu tun beauftragt war, sondern vielleicht sogar, weil er nun selbst erkannt hat, welche wirkliche Bedeutung der wahre Christus für die

Menschheit hat? Denn schließlich war er der Vater zweier Söhne, die beide um das wahre Leben des wahren Christus gegeneinander gekämpft haben.

Als Petrus, der nichts von einem wahren Christus und deshalb auch nichts von einer Vertuschung wusste und davon ausging, dass Jesus gekreuzigt wurde, das Felsengrab auf Golgatha leer vorfand, da war er überwältigt. Der Messias, sein Meister, war tatsächlich auferstanden!

Das Gerücht, dass Jesus auferstanden wäre, breitete sich, wie wohl von den Hohepriestern so beabsichtigt, wie ein Lauffeuer aus – obwohl das Grab bereits am zweiten und nicht erst am dritten Tag leer war. Jesus selbst erklärte zuvor, nämlich seinen Jüngern beim letzten Abendmahl, dass er *drei* Tage im Grabe liegen und dann erst am *dritten* Tag »auferstehen« würde, nämlich wie Jona, der drei Tage und drei Nächte im Bauch des großen Fisches lag. Doch dies bekümmerte niemanden mehr. Ein weiteres »Wunder« war nämlich geschehen!

Auch deshalb fragten wohl die zwei in Weiß gekleideten Männer, welche sich (noch) im leeren Grab aufhielten, jene Menschen, die ebenso bereits am zweiten Tag das leere Grab aufsuchten, weshalb sie denn ihren Meister unter den Toten suchten. Sie wüssten doch, dass dieser nicht hier, also bei den Toten, sondern bei den Lebenden, also im Tempel in Jerusalem, wäre und dort nach drei Tagen aus seiner todähnlichen Einweihung erweckt und dann auferstehen würde – nämlich dann, wenn der »Sohn Gottes« (der Sohn der Mutter-Vater-Elternheit), der Unschuldige, gekreuzigt ist, also jetzt.[51] (Wer die zwei in

---

51 Lk 24, 1–6.

Weiß gekleideten Männer waren, kann auch gnostisch nicht wirklich eruiert werden. Waren es Gesellen der Hohepriester? Weshalb verrieten sie dann aber den wirklichen Aufenthaltsort von Jesus? Weil sie dies zu Maria Magdalena sprachen, die doch davon eigentlich wusste?)

Nach seiner Einweihung erschien Jesus seinen Jüngern

Als Jesus in Jerusalem im Tempel nach dem dritten Tag von den Hohepriestern aus seinem mystischen Tod wiedererweckt wurde, sodass er dann tatsächlich, also reell, auferstehen und sein Einweihungsgrab verlassen konnte, erschien er verschiedene Male seinen Jüngern. Wohl auch, um ihnen, die glaubten, dass er am Kreuz gestorben wäre – aus diesem Grund verließen sie dann alle auch Jerusalem –, zu »beweisen«, dass er tatsächlich lebe, ja »auferstanden« wäre.

Dem Jünger Thomas, dem wohl alles ein wenig suspekt vorkam und der deshalb wohl vorerst (zu Recht) nicht an das Ammenmärchen glaubte, bewies er seine »Auferstehung« (und auch Wundheilung) sogar damit, dass er ihn seine angeblichen Wundmale an den Händen anfassen ließ – und dieser dadurch feststellte, dass da, wo sie eigentlich sein müssten – welch ein Wunder! –, keine (mehr) vorhanden waren!

Doch vorerst eilte er, in Tücher gehüllt, um nicht erkannt zu werden, zum (richtigen) Grab auf Golgatha, um zu überprüfen, ob dasjenige, was ihm die beiden Jünger, die er nach Emmaus begleitete, über das leere Grab und die (angebliche) Auferstehung erzählten, wirklich stimmte. Denn er musste sicher sein, dass er sich erst dann wirklich den Menschen zeigte, wenn auch der Leichnam des wahren Christus aus dem Grab entfernt worden war.

Maria Magdalena hielt Jesus für den Gärtner

Doch als er am Grab des wahren Christus eintraf, da begegnete er Maria Magdalena. Diese saß vor dem Grab des wahren Christus und weinte. Und fragte ihn, weil sie das Grab des wahren Christus (bereits am Tag vorher) leer vorgefunden hatte und ihn, Jesus, nun für den Gärtner hielt, ob er es gewesen wäre, der den Leichnam aus dem Grab entfernt habe. Sie hielt ihn für den Gärtner, weil sie wohl meinte, dass er Jakobus wäre, und nicht damit gerechnet hat, dass er, Jesus, der sich in Jerusalem in den Grad des Vaters einweihen ließ, sich nun ebenso oder eben anstelle von Jakobus hierher zum Grab des wahren Christus verirren würde.[52] Sie hatte ihn wohl nicht

---

52 Der Grund, weshalb Maria Magdalena, die den Eingeweihten-Namen »Tochter des Jairus« trug, Jesus fälschlicherweise für den Gärtner und deshalb wohl für Jakobus (den Sohn des Zebedäus) hielt, liegt, gnostisch gesehen, wohl darin, dass Jakobus (der Sohn des Zebedäus) der (richtige und nicht wie Jakobus der »Ältere«, der eigentlich anstelle von Jakobus dem Sohn des Zebedäus als Jakobus der Jüngere oder der Jünger bezeichnet werden müsste, von Jesus an dessen Stelle installierte) Nachfolger von Elias und dieser wiederum der Gärtner Naboth war. (So wie in der Eingeweihten-Sprache Petrus ein Fischer war, war Jakobus ein Gärtner.) Sie musste

erkannt, weil er, um sein Antlitz zu verbergen, immer noch, wie auf dem Gang nach Emmaus, mit Tüchern verhüllt war.

Als aber Maria Magdalena, ebenso wie die Jünger von Emmaus, von dem leeren Grab berichtete, da wusste Jesus, dass der Leichenraub tatsächlich geglückt war. Er rief sie deshalb bei ihrem Namen, sodass nun auch sie ihn, wohl an seiner Stimme, vielleicht aber an seinem Antlitz, das er nun vor ihr offenbarte, als ihren Stiefbruder, den »Meister«, erkannte. Als sie ihn darauf berühren oder aus Freude sogar umarmen wollte – vielleicht meinte sie, dass er, der ebenso nun ans Grab des wahren Christus geeilt

---

wohl davon gewusst haben, dass der Leichnam des wahren Christus möglichst rasch nach der Kreuzigung aus dem Grab entfernt werden sollte, weshalb sie wohl auch von einer erfolgten Einweihung ihres Stiefbruders Jesus ausging, als sie das Grab des wahren Christus leer vorfand (und deshalb auch erstaunt über dessen eigenes Erscheinen dann am Grab war). Das Wissen vom geplanten Leichenraub könnte sie von der Mutter der Zebedäus-Söhne erhalten haben, mit der sie befreundet war. Da Jakobus (der Sohn des Zebedäus) der (richtige und nicht der neu installierte) Nachfolger von Elias war, entsprach er (wie Judas) dem Prinzip des Denkers. Er wäre also schon von daher prädestiniert gewesen, (damals noch) an den Plänen der Hohepriester mitgewirkt zu haben. Auch stand er wohl mit Joseph von Arimathäa in engem Kontakt, der Pilatus um die Freigabe des Leichnams des wahren Christus bat. Im Gegensatz zu Petrus und Johannes musste er, interessanterweise, nach der Verhaftung des wahren Christus im Garten Gethsemane nicht vor dem Hohepriester Hannas aussagen – oder zumindest wird nichts davon berichtet. Jakobus der Sohn des Zebedäus gilt heute als Schutzpatron der Aussätzigen. Vielleicht galt er bereits zu diesem Zeitpunkt selbst als »Aussätziger«.

war, nun auch auf ihre Seite hinübergewechselt habe, sodass sie ihm deshalb von ihrem Erlebnis mit dem wahren Christus, aber auch von der Pronoia, erzählen könnte –, da stieß er sie mit den Worten: »Noli me tangere!«, also »Berühre mich nicht!«, zurück. Es schien, dass er, der soeben »unbefleckt« (also mit »in Unschuld gewaschenen Händen«) in den Grad des Vaters eingeweiht wurde, nicht von ihr, einer Frau, berührt werden wollte. Denn seine Erhöhung war, wie er bekundete, noch nicht ganz erfolgt und auch das ewige Leben, das er sich erhoffte, noch nicht auf ihn übergegangen.

Vielleicht wollte er sich mit seiner Zurückweisung auch nur generell von seiner Stiefschwester abgrenzen. Weil (auch) sie nicht seinen Weg ging und er sie ebenso nun als »Ehebrecherin«, ja als »Aussätzige« ablehnte – so wie damals aus ähnlichem Grund bereits Mirjam von Moses und Aaron ausgegrenzt und ausgesetzt und deshalb als »Aussätzige« weggestoßen wurde.

Dass Maria Magdalena nicht den Weg Jesu, sondern vielmehr den Weg des wahren Christus und der Pronoia ging, erkennt man auch im zweiten Teil des (apokryphen) Maria-Evangeliums, in dem darüber berichtet wird, wie sich die Jünger untereinander über Aussagen von Maria Magdalena gestritten haben, da sie diese nicht (mehr) verstanden. »Sagt doch, wie denkt ihr über das, was sie gesagt hat? Ich glaube nicht, dass der Retter so geredet hat. Seine Lehren haben eine andere Bedeutung«, meinte beispielsweise Andreas. Und Petrus erwiderte: »Sollte er tatsächlich mit einer Frau allein gesprochen und uns ausgeschlossen haben? Sollten wir ihr etwa zunicken und alle auf sie hören? Hat er sie uns vorgezogen?« Maria

Magdalena rechtfertigte sich für ihre Aussagen, indem sie mit folgender Frage an Petrus trat: »Meinst du, ich hätte dies alles selbst ersonnen und würde so über den Retter lügen?« Während sie mit »Retter« wohl den wahren Christus meinte, so meinten die Jünger damit jedoch Jesus, den Meister.

PAULUS, der SAULUS

Obwohl der wahre Christus, gemeinsam mit der Pronoia, auf Erden erschien und dessen Kreuzigung, die ein Menschenopfer war, nicht bewirken konnte, dass das ewige Leben auf Jesus überging, waren die Anhänger Jesu imstande, aus all dem Geschehenen und auch nicht Geschehenen (aber auch aus all dem dann frei noch Dazuerfundenen und Weggelassenen und auch Selbstinszenierten) eine Weltreligion[53] aufzubauen. Also eine Weltreligion aufzubauen, die letztlich auf einem rein fiktiven Glauben oder Geistgebäude nur basiert und schon in ihren Anfängen nichts (mehr) mit dem eigentlichen Menschen, mit dessen wahrer Realität, zu tun hat.

Wie war das möglich? Wer war letztlich dafür verantwortlich? Und wer oder was hat dies bewirkt?

Vor allem aus gnostischer Sicht, das heißt aus Sicht des am Menschen selbst interessierten Menschen, also auch aus Sicht des heutigen Humanisten und aufgeklärten Menschen, scheint diese Frage doch sehr zu interessieren,

---

[53] Religio bedeutet aus dem Lateinischen ins Deutsche übersetzt Rückbindung. Religionen verbinden den Menschen also (wieder) mit der Vergangenheit. Deshalb sind sie rückwärtsgewandt. Und deshalb beschäftigen sich religiöse Menschen auch mehr oder überhaupt nur mit der Weisheit (Sophia) und weniger oder überhaupt nicht mit der Erkenntnis (Gnosis). Sie beschäftigen sich mehr oder überhaupt nur mit der Weisheit und weniger oder überhaupt nicht mit der Erkenntnis, weil Weisheit, im Gegensatz zur Erkenntnis, Ausdruck eines Vergangenen ist. Vergangenes kann nicht mehr verändert werden und wird dadurch »absolut«.

ja vielleicht sogar grundsätzlich wichtig zu sein. Weil das wahre Christentum, wie es hier als gnostisches Christentum beschrieben wird, damit, und dies schon von Anfang an, gleich dem Katharer-Glauben im frühen Mittelalter in Südfrankreich durch die Inquisitoren, erfolgreich verhindert, ja gänzlich eliminiert und in eine völlige Vergessenheit gebracht werden konnte.

Saulus und Paulus als Christenhasser

Angefangen hat diese Entwicklung mit Saulus, der dafür bekannt ist, dass er die Christen verfolgte. Die Christen, die er verfolgte, waren aber, zumindest nach gnostischer Erkenntnis, nicht die Christen, wie man sie bis heute als Christen versteht, nämlich die paulinischen, sophistischen Christen, denn sonst machte dessen Verfolgung keinen Sinn, sondern die Christen, wie sie hier in dieser Schrift als gnostische Christen, also als die wirklichen Ur-Christen[54], bezeichnet werden. Denn schon Saulus hasste sie – wie dann eben auch Paulus. Er hasste sie, weil sie weder dem jüdischen Glauben noch dem römischen Denken entsprachen. Denn Saulus beziehungsweise Paulus war jüdischer Gelehrter, aber auch Römer, der sein römisches Bürgerrecht von seinem Vater erhalten hat.

---

54 Die Urchristen der Theologen haben nichts mit den eigentlichen Urchristen, also den Urchristen des Gnostikers, zu tun. Denn bei den Urchristen der Theologen handelt es sich lediglich um die ersten Vertreter des paulinischen Christentums und nicht um jene Menschen, die auf dem Weg des wahren Christus und der Pronoia waren.

Er verfolgte die gnostischen Christen also, weil er wohl durch sie sowohl das Judentum als auch das Römertum in Frage gestellt sah.

Doch da kam ihm ein genialer Einfall, wie er dieses gnostische Christentum bekämpfen und eliminieren könnte, ohne wirkliche Gewalt mehr anzuwenden. Also ganz im Sinne Jesu und nicht mehr im Sinne eines Römers. Das heißt, im Sinne eines Menschen, der dann (ebenso) »seine Hände in Unschuld wusch«. Dieser geniale Einfall oder Gedanke wird als Blitz bezeichnet, der ihn getroffen hat. Er war ein Geistesblitz und kam angeblich, wie es in der Bibel heißt, oder tatsächlich, von Jehova, der ihn fragte: »Was verfolgst du mich?« Denn durch seinen Hass gegen das gnostische Christentum war auch das sophistische Christentum im Sinne Jehovas, für das er sich dann einsetzen sollte, gefährdet. Der Blitz ist in der Eingeweihten-Sprache immer letztlich auch Ausdruck der Weisheit – auch in der griechischen Mythologie wirft Zeus mit Blitzen um sich –, sodass er deshalb letztlich mit dem Geistesblitz der Weisheit versehen (oder begnadet) wurde. Der Legionsadler (Aquila) der römischen Soldaten, der ein Reichsadler war, hielt als Ausdruck der Macht ebenso einen Blitz in seinen Krallen. Hier entspricht der Adler als Reichsadler der Macht des abgefallenen Gottes der Dunkelheit und der Materie und der Blitz der Weisheit und der Intelligenz des abgefallenen Gottes des (scheinbaren) Lichts.

Paulus genialer Einfall oder Gedanke war, das gnostische Christentum so zu bekämpfen, wie man bereits den wahren Christus bekämpfte, nämlich, indem man diesem ein völlig anderes Christentum entgegenstellte –

und das wahre Christentum dadurch opferte. Also opferte, und ihm auch den Wind aus den Segeln nahm, für ein »neues« Christentum, das paulinische, sophistische, so wie man das Christentum bis heute also nur noch kennt – und in richtiger Weise auch bezeichnen müsste. Denn dadurch erst würde das Christentum zu einem wirklich großartigen Christentum, zu einem Christentum mit Jesus in der Mitte, als eingeborener Sohn Gottes, der am Kreuz gestorben und nach drei Tagen auferstanden ist und den Menschen den Heiligen Geist und das ewige Leben gebracht hat – auch wenn alles davon letztlich nicht stimmte oder gänzlich gegen den Menschen ist. (Paulus war besonders darauf bedacht, mit dem »Heiligen Geist« das persönliche Ich eines jeden individuellen, mündigen Menschen zu ersetzen. Deshalb seine Worte: »Nicht mehr ich lebe, sondern Christus in mir!«)

Und er tat dies auf geniale Weise. Denn er verband das Römertum mit dem Judentum. Das heißt, er bekämpfte das gnostische Christentum, das sowohl Römertum als auch Judentum infrage stellte, dadurch, dass er sowohl vom Römertum als auch vom Judentum das jeweils Beste nahm – und dann zu einem »Neuen« zusammenfügte. So musste er weder auf das eine noch das andere, das er selbst beides vertrat und das auch selbst im Widerspruch zueinander war, verzichten und konnte damit gleichzeitig das gnostische Christentum verhindern.

Er erschuf das »neue« Christentum, indem er beispielsweise die Vielgötterei der Römer abgeschafft und durch das »Ein-Gott-System« der Juden ersetzt, dafür das prunkvolle Kaisertum und den weltlichen Machtanspruch der Römer beibehalten hat.

Schon aus diesem Grund kann das heutige Christentum, das vielmehr nun ein paulinisches Christentum ist, nicht mehr als eigentliches Christentum verstanden werden: weil ein eigentliches Christentum weder ein römisches noch ein jüdisches Element in sich enthalten haben kann. Beim paulinischen Christentum handelt es sich vielmehr also tatsächlich um ein jüdisch-römisches, das man aber, weil Abel durch Seth ersetzt wurde, zu Recht nun als katholisch-römisches beziehungsweise als römisch-katholisches Christentum bezeichnet. (Katholisch heißt aus dem Griechischen übersetzt allumfassend.)

Somit kann Paulus tatsächlich als der eigentliche Begründer des heutigen Christentums verstanden werden. Paulus, der nicht nur das gnostische Christentum, sondern auch die Frauen hasste, und von dem bereits Jesus zu Petrus, auf dessen »Standhaftigkeit« und Beharrlichkeit (oder auch Unbeweglichkeit und Unnachgiebigkeit) die spätere Kirche aufgebaut wurde, sagte: »Als du jung warst, hast du dir selbst den Gürtel umgebunden und bist gegangen, wohin du wolltest. Im Alter aber wirst du deine Hände ausstrecken; ein anderer wird dir den Gürtel darumbinden und dich dorthin führen, wo du nicht hingehen willst.«

Verschiedene Anstrengungen führten zum paulinischen Christentum

Doch das ist nur die eine Seite, die begründet, weshalb aus der Geschichte Jesu eine weltumspannende Religion werden konnte. Damit dies geschah, mussten weitere Anstrengungen unternommen werden. Und dies immer wieder. Nämlich die Anstrengungen, den Menschen beispielsweise bewusst dahin zu erziehen, nicht (mehr) selbstständig zu denken – und dadurch auch nicht (mehr) mündig sein zu wollen. Um alles, jeden Gedanken, jede Entwicklung, ganz einer höheren Instanz, nämlich Gott oder den Kirchenlehrern, Theologen oder Bischöfen anzuvertrauen, zu übergeben und zu überlassen, sodass diese dadurch umso mehr zu Macht, zu Macht über jeden einzelnen Menschen, gelangten. Auch weil Jesus selbst, im Gegensatz zu Judas, kein Denker und wohl unmündig, Höriger war. Nämlich unmündig wie ein kleines Kind und hörig gegenüber den Hohepriestern, die wohl gänzlich über sein Leben bestimmten.

Nichts sollte also vom Menschen selbst erforscht oder erarbeitet und schon gar nicht infrage gestellt oder bezweifelt werden, auch wenn es so unwirklich, unrealistisch und auch widersprüchlich erscheint, lediglich geglaubt. Selbst dann nicht, wenn es sich dabei um grundlegende menschliche Werte oder Fragen handelte, die da missachtet, nicht ernst genommen oder gar übergangen werden. Nämlich missachtet, nicht ernst genommen oder gar übergangen in Form von Diskriminierung, von Ungleichheit oder Ungerechtigkeit. Denn was haben solche Werte mit einem wahren, wirklichen Christentum zu tun?

Um den Menschen wirklich gläubig und untertänig werden zu lassen, »erfand« man das Fegefeuer und das Jüngste Gericht. Und die Beichte. Im Mittelalter sogar die Inquisition.

Doch auch die Anstrengung, immer wieder Kirchenlehrer zu ermöglichen, die den paulinischen Christus-Glauben weitertragen und unter die Menschen bringen, begründet die Ermöglichung dieses weltumfassenden paulinischen Christentums. Wohl auch aus diesem Grund entstand dann die Scholastik, eine Disziplin, die Glaube und Wissenschaft miteinander zu verbinden meinte. Aber auch, um den Glauben damit noch weiter zu autorisieren, selbst gar »weltlich« zu machen. Doch auch hier »forschte« man nur innerhalb des bereits Vorgegebenen, Vorhandenen. Wie bei den heutigen Universitäten. Mit dem Unterschied jedoch, dass die heutigen Universitäten Titel vergeben und den Glauben dadurch zusätzlich zementieren. Titel für ein Nachdenken und angebliches »Forschen«, das ebenso nur im Rahmen eines bereits Vorhandenen, Bestehenden stattfindet.

Der christliche Glaube, wie er sich heute zeigt, ist also eine Institution geworden, die als solche, wie es scheint, nicht mehr verändert oder überwunden werden kann. Auch weil sie keine Denker duldet. (Ob auch aus diesem Grund der Papst Benedikt XVI., ein deutscher Denker, nämlich am 28. Februar 2013, zurücktreten musste?) Er bleibt oder entwickelt sich weiter wie ein Gegenstand im Kosmos, den man einmal kurz angeschoben hat. Ohne dabei seine Bahn zu verändern.

PERSÖNLICHE SCHLUSSGEDANKEN

Auch wenn ich hier über ein anderes, »gnostisches« Christentum erzähle, so wie es sich mir durch eigene Recherchen ergab, kann (auch) ich letztlich dennoch nicht behaupten, obwohl ich persönlich davon überzeugt bin, damit nun tatsächlich das wirkliche, eigentliche Christentum gefunden zu haben. Denn niemand kann für sich in Anspruch nehmen, behaupten, die wirkliche Wahrheit, und somit auch die einzige Richtigkeit, gefunden zu haben, sodass sie dann für alle Menschen gilt. Auch der Papst nicht oder irgendein Guru. Und auch nicht der Atheist, dessen Wahrheit oder Glaube das Nichts ist beziehungsweise die Materie, die letztlich in ein Nichts zerfällt. Obwohl es jeder von ihnen, also sowohl der Papst, der Guru als auch der Atheist, aber tut. Denn alles im Leben ist, zumindest, wenn es um den Glauben geht, Ansichtssache. Und Ausdruck eines persönlichen Standpunktes. Also eines Standpunktes, der – je nach Erziehung oder Umständen, aber auch je nach eigenen Vorlieben oder eigenen Interessen oder Erfahrung –, quasi notgedrungen, anders ist. Selbst die Antwort auf die Frage, ob des Menschen Sein überhaupt einen Sinn hat, geschweige denn Ausdruck eines höheren Zusammenhanges ist, kann nicht wirklich eruiert werden. Nur erahnt. Oder bis zu einem gewissen Grad mit dem Denken ertastet. Weil kein direkter Zugang zu solchen Antworten besteht. Denn alles, was nicht unmittelbar ist, kann nicht mittelbar erfasst werden. Und bleibt deshalb immer irgendwie Ausdruck eines Vagen – was genau aber dann dem Atheisten seine Mühe bereitet, sodass er deshalb, dies seine Tragik, an gar nichts mehr außer an die Materie, die zerfällt, glauben will.

Und dennoch meine ich, mit meinem »gnostischen« Christentum eine Wahrheit ergründet zu haben, die viel näher an den Menschen nun herangekommen ist als alles andere, was wir beispielsweise innerhalb von Religionen, geschweige denn bis heute innerhalb der »christlichen« Religion kennen. Weil es ihn, den Menschen, – eben – *nicht* diskriminiert, *nicht* unterordnet und auch *nicht* in ein hierarchisches, allein männlich-patriarchales Denken hineinführt und auch *nicht* mit Angst- und Schuldgefühlen geißelt. Denn all dies ist nicht menschlich – sondern letztlich doch (ebenso) Ausdruck eines allein Darwinistischen, so wie wir dies von der Natur her kennen. Und wahres Christentum kann nicht darwinistisches, sondern nur menschliches Christentum sein, aber auch nur aufgeklärtes (und auch eines, das ohne »Wunder« auskommt). Der Mensch sollte auch nicht sein Denken aufgeben oder kindlich werden, sondern sein selbstständiges, selbstbewusstes, mutiges Denken umso mehr zur Anwendung bringen. Auch soll er sich nicht verlieren in einem Kollektiv, das von einer Führungsinstanz geleitet wird, sodass er als individueller Mensch nichts zählt, sondern nur als Mensch in der Masse.

All das hätte das »gnostische« Christentum also überwunden – oder gar nicht mehr erst entstehen lassen. Es war Paulus, der das »gnostische« Christentum im Keime erstickte – so wie dann das Katharertum im frühen Mittelalter von den Inquisitoren im Keime erstickt worden war. Also Paulus, der umso mehr von der Kirche bis heute verehrt wird. Deshalb wäre das »gnostische« Christentum, also das Christentum, wie es sich mir durch meine Recherchen offenbarte, ein Christentum, das gerade heute das paulinische Christentum, als das Christentum der Kirche, umso mehr wieder ersetzen könnte – und auch ersetzen sollte.

ANHANG

ÜBER DAS »GEHEIME ABENDMAHL« DER KATHARER – DIE INTERROGATIO JOHANNIS

Das »Geheime Abendmahl«, die Interrogatio Johannis[55], ist eine apokryphe Schrift, die als angebliches Beweismittel gegen die Katharer[56] verwendet wurde und bis heute in den Inquisitionsakten von Carcassonne enthalten ist. Es beinhaltet ein Gespräch, das der »Apostel und Evangelist Johannes«, der es als »Teilhaber am Drangsal und daher am Königreich im Himmel« selbst

---

[55] Die Schrift »*Interrogatio Iohannis apostoli et evangelistae in cena secreta regni coelorum de ordinatione mundi istius et de principe et de Adam*« befindet sich in den Archiven der Stadt Carcassonne und soll nicht vor dem 12. Jahrhundert verfasst worden sein. Eine zweite Version davon findet sich in der Nationalbibliothek in Wien. Da die Unterschiede zwischen beiden Versionen sehr groß sind, wird die Existenz einer viel älteren, unabhängigen Originalhandschrift vermutet.

[56] Die Katharer scheinen, zumindest in ihren allerersten Anfängen, eine Gemeinschaft von Menschen gewesen zu sein, die den Weg des wahren Christus und der Pronoia im gnostischen Sinne gingen. Über sie weiß man nichts mehr oder höchstens in Form von (verfälschten) Erzählungen und Überlieferungen ihrer Feinde, da sie binnen wenigen Jahren nach ihrer Entstehung durch die Inquisition der katholischen Kirche ausgelöscht wurde. Die Gemeinschaft entstand in ihren Anfängen im 12. Jahrhundert in Südfrankreich, also dort, wo sich auch der Minnesang ausbreitete und nach der Legenda aurea das Schiff mit Maria Magdalena gelandet sein soll.

niedergeschrieben hat, mit Jesus, dem »Sohn Gottes«, an einem »geheimen Abendmahl im Reiche des Himmels« geführt haben soll.

In diesem »Geheimen Abendmahl« offenbart Jesus zu Fragen, die ihm Johannes stellte und die »die Herrschaft der Welt, ihre Regenten sowie über Adam« betrafen, dass die Welt, aber auch die Opferpflicht und die mosaischen Gesetze nicht von Gott, sondern von Satan, dem »abgefallenen Statthalter Gottes«, der seinen Sitz »über die Wolken des Himmels« zu stellen beabsichtigte, erschaffen wurden.

Für den Gnostiker der Jetztzeit scheint diese Schrift zum Teil sehr verwirrend, da in ihr bisweilen gnostische und sophistische Inhalte[57] miteinander vermischt

---

57 Der Begriff gnostisch bezieht sich auf Gnosis, was aus dem Altgriechischen ins Deutsche übersetzt Erkenntnis oder auch Wissen bedeutet. Der Begriff sophistisch dagegen bezieht sich auf Sophia, was aus dem Griechischen oder Lateinischen ins Deutsche übersetzt Weisheit heißt. Der Gnostiker ist der Wissende, der Erkennende, selbstständig Denkende, der Aufklärer, der Sophist dagegen der Weise, der Nachdenkende, der Verklärer. Das Symbol der Erkenntnis und des Wissens ist der Adler (nicht zu verwechseln mit dem Reichsadler oder dem Legionsadler der Römer, der Ausdruck der Macht ist!) und das Symbol der Weisheit und des Nachdenkens die Schlange. Während der Adler den Menschen zur Aufklärung führt, so führt die Schlange den Menschen in die Verklärung. Die Schlange ist auch das Symbol der Lüge. Es ist die Schlange, die den Baum der Erkenntnis zum Baum der Verklärung und somit zum Baum der Lüge macht und deshalb den Menschen, der vom Baum der Erkenntnis isst, zum Baum des Todes führt. Sie führt ihn dorthin, indem sie ihn verführt. Der Adler lässt den Menschen durch sein selbstständiges Denken die Schlange überwinden und führt

beziehungsweise gnostische Inhalte sophistisch gedeutet werden. Es muss deshalb davon ausgegangen werden, dass es sich bei der Schrift, die in Carcassonne aufbewahrt wird, entweder nicht um jene Schrift handelt, anhand welcher die Katharer wirklich verurteilt worden sind, oder dass die Katharer, die angeblich anhand dieser Schrift verurteilt worden sind, keine Katharer (mehr) im eigentlichen Sinne, sondern bereits Katharer im sophistischen Sinne waren. Katharer im nicht mehr eigentlichen, sondern bereits sophistischen Sinne waren Katharer, die sich des gnostischen Wissens der eigentlichen Katharer bedienten, dieses jedoch im Sinne der Sophistik veränderten.

Die Wahrscheinlichkeit, dass nicht mehr eigentliche Katharer als Ketzer zum Tode verurteilt worden sind, scheint dagegen wieder praktisch ausgeschlossen. Denn einerseits durften Sophisten, nämlich als Nachfahren Isaaks, der ebenso nicht mehr für Gott geopfert werden durfte, generell nicht (mehr) für ihre Wahrheit umgebracht werden und anderseits kann generell davon ausgegangen werden, dass auf dem Scheiterhaufen, wie seit Golgatha üblich, Unschuldige und somit tatsächlich eigentliche, wahre Katharer verbrannt worden sind.

Dass tatsächlich eigentliche, wahre Katharer auf dem Scheiterhaufen verbrannt worden sind, scheint deshalb schon realistisch, weil nach gnostischer Sicht auch jene Schrift, die von den Inquisitoren als Beweisschrift gegen die Katharer verwendet wurde, nicht doch eine wirkliche

---

ihn dadurch zum wahren Baum der Erkenntnis und somit zum Baum des Lebens.

Schrift der eigentlichen, wahren Katharer hatte gewesen sein können. Dies würde zum Beispiel dann auch erklären, weshalb es keine Originalschrift der Interrogatio Johannis mehr gibt. Denn wenn sophistische Katharer sich einer Originalschrift der Interrogatio Johannis, die einst vielleicht tatsächlich existierte und deshalb einst vielleicht auch im Besitz der wahren Katharer war, bemächtigt hatten, um sie zu verändern und zu kopieren, so ist die Wahrscheinlichkeit durchaus gegeben, dass sie sie anschließend vernichtet haben. Nämlich vernichtet haben aus dem Grund, dass sich deren wahre Gehalt nicht weiter verbreite und so auch eine Gefahr für die sophistische Weisheit, die sie als Sophisten vertreten, werden kann.

»Im Namen des Vaters, des Sohnes und des Heiligen Geistes. Amen«

Ein Grund zum Beispiel, weshalb die Interrogatio Johannis, zumindest aus gnostischer Sicht, keine Schrift der wahren Katharer gewesen sein kann, erkennt man bereits am Anfang der Schrift, wenn da geschrieben steht: »Im Namen des Vaters, des Sohnes und des Heiligen Geistes. Amen«. Dieses Bekenntnis weist eindeutig auf das Machwerk einer katholischen Kirche hin, da sich nur diese, und bestimmt nicht die wahren Katharer, letztlich auf eine Dreifaltigkeit beruft.

Ein weiterer Grund, weshalb die in den Inquisitionsakten von Carcassonne enthaltene Schrift keine eigentliche Schrift der wahren Katharer sein kann, zeigt sich darin, dass mit Jesus niemals der wahre Christus gemeint sein kann, mit dem sich aber die wahren Katharer hauptsächlich beschäftigten. Denn nur Jesus und nicht der wahre Christus hatte Jünger oder Apostel um sich. Nämlich Jünger oder Apostel, welche in ihrer Zwölfheit letztlich dem Seelenleib des »neuen Adam« entsprachen oder entsprechen sollten.

Zudem weist auch die Aussage, dass seine Jünger nicht heirateten und wie die »Engel im Himmel« lebten und dass es eine Sünde wäre, mit einer Frau zu verkehren, schon vom Grunde her allein auf Jesus und bestimmt nicht auf den wahren Christus hin.

Damit scheidet also die Möglichkeit, zumindest vom Standpunkt eines Gnostikers der Jetztzeit, in der Interrogatio Johannis, dem »Geheimen Abendmahl« des Apostels Johannes, eine eigentliche Schrift der wahren Katharer zu erkennen, da sie letztlich deren wirkliche Weltanschauung offenbarte, nicht nur als Vermutung, sondern sogar tatsächlich, und zwar definitiv, aus.

Die Welt, die Opferpflicht und die mosaischen Gesetze

Stellen, die möglicherweise darauf hindeuten, dass die Interrogatio Johannis, zumindest ursprünglich, also in einer Originalausgabe, die es aber nicht mehr gibt, Ausdruck einer gnostischen Schrift gewesen sein könnte, sind beispielsweise jene, in denen Jesus erklärt, dass die Welt, aber auch die Opferpflicht und die mosaischen Gesetze nicht von Gott, sondern von Satan erschaffen wären. Denn nach gnostischer Auffassung, geht die abbildhafte Welt, also die Welt, in der wir als Menschen leben, tatsächlich, zumindest in ihrer physisch-materiellen Beschaffenheit, auf den abgefallenen Gott der Dunkelheit und der Materie, also Satan, zurück. Da er es war, gnostisch gesehen, der die dafür notwendige physische Materie der urideell-reellen Welt beziehungsweise dem Menschen, wie er in der urideell-reellen Welt am Entstehen war, gestohlen hat. Aus dieser der urideell-reellen Welt oder dem Menschen gestohlenen physischen Materie hatte er, nach gnostischer Auffassung, gemeinsam mit dem abgefallenen Schein- oder Lichtgott, also Luzifer[58], der als ordnende und ideenspendende Kraft wirkte, das Universum und somit die Erde erschaffen, was genauso oder ähnlich dann in der Interrogatio Johannis geschildert wird.

Auch die Opferpflicht geht, gnostisch gesehen, letztlich tatsächlich auf »Satan« zurück, da dieser der Gott des Todes ist und deshalb für sich Opfer verlangt. Er verlangt für sich Opfer, um das dadurch freigewordene Leben für sich selbst zu beanspruchen. Auf ihn gehen auch der Darwinismus, der vom Schwächeren verlangt, sich für den Stärkeren aufzugeben, und generell die Pflichten und Gesetze in der Welt zurück. Aus diesem Grund ist er, aus gnostischer Sicht, selbstverständlich auch der Urheber von jenen Gesetzen, die Moses von Jehova, dem

---

58 Luzifer bedeutet aus dem Lateinischen ins Deutsche übersetzt Lichtträger (lux heißt auf deutsch Licht und ferre heißt tragen).

gemeinsamen Sohn der beiden abgefallenen Gottheiten, entgegengenommen hat.

Mit Moses, der bei der »Verklärung des Herrn« gemeinsam mit Jesus, dem »Herrn«, und Elias den drei Aposteln Petrus, Jakobus und Johannes dem Jünger erschienen ist, steht er sogar in besonderer Beziehung. Denn während Elias Abkömmling Abels und Jesus Abkömmling Seths war, so war Moses, der aus diesem Grund oftmals mit zwei Hörnern (Widder) dargestellt wird, Abkömmling Kains. In Kain war erstmals der Sohn des abgefallenen Gottes der Dunkelheit inkarniert. Das zweite Mal in Judas, nämlich beim letzten Abendmahl, als, wie es in der Bibel heißt, Satan in ihn einfuhr.

Der gnostische Charakter ist nicht mehr feststellbar

Da die Interrogatio Johannis, so wie sie in den Prozessakten von Carcassonne aufbewahrt wird, gnostisch gesehen, einer Schrift entspricht, deren eigentlicher, eben gnostischer Charakter, wie er bei einer Schrift der eigentlichen, wahren Katharer wohl aber erwartet werden müsste, nicht (mehr) erkennbar ist, kann sie deshalb tatsächlich nur als Schrift verstanden werden, die sophistische Katharer – oder letztlich dann sogar Vertreter der katholischen Kirche selbst? –, nämlich auf der Grundlage einer Originalschrift, in deren Besitz die eigentlichen Katharer vielleicht gewesen waren, selbst verfasst und in Richtung der sophistischen Weisheit abgeändert haben.

Dies würde mit erklären, weshalb man heute tatsächlich nichts mehr über die eigentlichen Katharer weiß, da man letztlich alles, was man wirklich über sie wissen könnte, nicht mehr in seiner wirklichen, sondern nur noch in seiner verfälschten, abgewandelten und deshalb letztlich sogar, wie auch die moderne Geschichtsforschung konstatiert, in seiner erzählten oder überlieferten Form durch deren Feinde selbst nur noch in Erfahrung bringen kann. So spricht man heute wohl auch aus diesem Grund von einer »Katharer-Kirche«, deren oberste Vertreter – wie bei der katholischen Kirche! – Bischöfe gewesen waren, oder davon, dass der »Katharer-Glaube« kultisch organisiert gewesen sein soll, obwohl beides mit einem wirklichen, wahren Katharertum nicht vereinbar ist. Denn ein wirkliches, wahres Katharertum, das sich ganz vertieft gnostischen Inhalten hingab, konnte weder eine kirchliche Hierarchie noch sophistische Kulthandlungen vertreten, da das Prinzip der Hierarchie in einer urideell-reellen Welt nicht existiert und kultische Handlungen ebenso nur in Zusammenhang mit sophistischen Einweihungen, so wie Jesus eine im Tempel von Jerusalem erfahren hat, und somit als Ausdruck der Sophistik selbst, verstanden werden können.

Aufgrund der Tatsache jedoch, dass sich schon sehr früh in Europa eine Katharer-Kirche entwickelt hat, kann oder muss angenommen werden, dass sich auch schon sehr früh die Sophisten mit dem Katharertum und deren Schriften auseinandergesetzt und somit verbunden und die eigentlichen, wahren Katharer in Europa bedrängt und verdrängt haben.

Dass die Sophisten aus der ursprünglichen Katharer-Strömung eine Kirche formten, liegt ebenso in deren

Wesen selbst begründet. Denn jede sophistische Bemühung tendiert letztlich dahin, in einer Religion oder Kirche aufzugehen.

Bischof Nazarius

Einer dieser sophistischen Bischöfe, der mithalf, die Katharer-Strömung zu einer Katharer-Kirche umzuformen und dadurch also die wohl eigentlichen, wahren Katharer in Europa zu verdrängen, war ein italienischer Bischof Nazarius. Er soll die Interrogatio Johannis angeblich, wie auf dieser selbst vermerkt ist, 1190 aus Bulgarien nach Südfrankreich, dem eigentlichen Ausbreitungsort der Katharer, gebracht haben. Bulgarien könnte also der Ort gewesen sein, an dem die eigentliche und somit ursprüngliche Interrogatio Johannis tatsächlich in jene sophistische Schrift, die heute nun in den Inquisitionsakten von Carcassonne enthalten ist, umgeschrieben worden ist. Es kann aber auch der Ort sein, an dem unter Umständen die eigentliche und somit ursprüngliche Interrogatio Johannis, die es vielleicht tatsächlich gab, vernichtet wurde.

Weshalb aber die Interrogatio Johannis gerade in Bulgarien in eine sophistische Schrift abgeändert worden sein könnte und wie sie überhaupt den Weg nach Bulgarien gefunden hat, darüber kann nur spekuliert werden. Dies hat vielleicht mit dem allgemeinen religiösen Klima Bulgariens zu dieser Zeit zu tun. Denn dieses wurde vor allem durch das byzantinische Christentum bestimmt, aber auch von der Glaubensgemeinschaft der Bogomilen, die sich beispielsweise am Arianismus und am Dualismus der Manichäer orientierten. Während der Arianismus eine christliche Glaubenslehre ist, die im Gegensatz zur Trinitätslehre der katholischen Kirche steht und von dieser deshalb als Häresie bezeichnet wird – Arius (lateinisch der Widder) war ein Priester aus Alexandria, der unter anderem die Schriften Platons studierte –, so entspricht der Manichäismus als Ausdruck einer aristotelisch-sophistischen Gesinnung einer dem angeblich gnostisch-platonischen Strom entsprechenden Offenbarungsreligion, deren Aufgabe es unter anderem war, als Ausdruck des »Lichtvollen« und »Guten« das »Dunkle« und »Böse« in der Welt zu überwinden. Daraus wohl entwickelte sich dann auch die Gestalt des Parzival.

Bischof Niketa

Ein anderer Bischof, der ebenso das sophistische Katharertum mitbestimmte, war ein Bischof mit Namen Niketa. Dieser ist vor allem dadurch bekannt, dass er Vorsitzender einer Katharer-Synode im südfranzösischen Ort St. Fèlix de Caraman im Jahre 1167 war und dort die Bildung von katharischen Bistümern anregte. Dieser Synode sollen über hundert führende Katharer, darunter sechs Bischöfe aus den verschiedensten Gebieten, beigewohnt haben.

Die Katharer einer Kirche waren sophistische Katharer

Aufgrund der Tatsache, dass das Katharertum zu einer Kirche werden konnte, also zu einer Kirche, die auch wieder auf dem letztlich allein männlichen Prinzip aufgebaut war – innerhalb der sogenannten Katharer-Kirche scheint nicht nur das Gottes-Prinzip ein männliches Prinzip gewesen zu sein, sondern auch alle Bischöfe waren Männer –, erkennt man sehr deutlich, dass es sich bei den Katharern, so wie man sie heute versteht, tatsächlich nicht um die eigentlichen, wahren Katharer, sondern um sophistische Katharer nur gehandelt haben kann.

Dass es sich dabei nicht um die eigentlichen, wahren Katharer, sondern um sophistische Katharer nur gehandelt haben kann, untermauert der Umstand, nirgendwo lesen oder sonst wie in Erfahrung bringen zu können, dass unter den Opfern der Inquisition auch Bischöfe waren. Denn ob der großen Zahl an Bischöfen, die als »Katharer-Bischöfe« gewirkt haben, müsste mindestens von einem davon bekannt sein, wie er ebenso auf dem Scheiterhaufen verbrannt worden wäre, wenn er wirklich Vertreter eines eigentlichen, wahren Katharertums gewesen sein soll. Doch dies scheint nicht der Fall zu sein, weil es wohl tatsächlich keinen gegeben hat. Somit würde das Gesetz der abbildhaften Welt, das besagt, dass niemals ein Mensch, der dem Strom Isaaks entspricht, für seine Wahrheit sterben müsse, sondern stattdessen immer ein unschuldiges Opfer dafür gesucht würde, auch hier bestätigt. Die unschuldigen Opfer für die »Katharer-Bischöfe«, die als Gegenleistung für ihren Verrat und für ihre Auslieferung vielleicht wieder in die katholische Kirche zurückkehren durften, wären in diesem Fall dann also tatsächlich die eigentlichen, wahren Katharer gewesen.

DIE TEMPELLEGENDEN

Die Tempellegenden beschreiben, quasi als Erzählungen oder als Einweihungswege aus verschiedener Sicht, wie, auf welche Weise der Mensch sein (zukünftiges) Menschsein erlangen kann. Sie sind alle Ausdruck des ursprünglich nathanischen Stroms und stehen im Gegensatz zum salomonischen Strom der Kirche, die ihre Erzählung (beziehungsweise ihren Einweihungsweg?) als Mysterium oder als Leidensweg oder als Offenbarung bezeichnet.

Mit Tempel wird in der Eingeweihten-Sprache der Leib des Menschen gemeint. Es geht bei den Tempellegenden also um des Menschen (ewige) Leiblichkeit. Vier solcher Tempellegenden sind bekannt, nämlich die Abel- oder Salomon-Legende, die Seth- oder Goldene Legende, die Kain- oder Hirams-Legende und die Saba-Legende.

Die Abel- oder Salomon-Legende ist sowohl im Alten Testament als auch im jüdischen Tanach als Buch der Könige enthalten und deshalb die bekannteste aller vier Legenden. Sie kann als Legende der priesterlichen Richtung verstanden werden. Denn die Kain- oder Hirams-Legende als Ausdruck der weltlichen Richtung kennt nur die Freimaurerei. Die Seth- oder Goldene Legende dagegen kann als Legende beschrieben werden, die als

Einweihungsweg die zur Seth-Strömung gewandelte Abel-Strömung, wie sie auf Petrus fußt, und die zur Seth-Strömung umgeformte Kain-Strömung, wie sie auf Pilatus zurückgeht, und somit die salomonisch-christliche und die weltliche Strömung oder auch Jesus und Judas, der jedoch von Pilatus ersetzt wurde[59], letztlich miteinander verbinden will.

---

[59] Die Seth- oder Goldene Legende geht nicht mehr wie die Kain- oder Hirams-Legende auf Judas, sondern auf Pilatus zurück, weil Pilatus Judas durch sich ersetzt hat. Er hat ihn durch sich ersetzt, um dadurch, so wohl seine Absicht oder Hoffnung, selber Anteil am ewigen Leben des wahren Christus zu haben. Pilatus hat Judas durch sich ersetzt, als er ihn beim Verhör im Palast als Barabbas zugunsten der Hohepriester, die den wahren Christus für Jesus kreuzigen lassen wollten, in die Freiheit entließ. (Diese »Entlassung in die Freiheit« war wohl auch der Grund dafür, dass die Hohepriester Judas für seinen Verrat letztlich mit dreißig Silberlingen entlohnt haben. Das heißt, sie entlohnten ihn mit Geld, statt ihn zum Messias zu küren. Er hatte also auch in ihren Augen fortan keine Bedeutung mehr.) Aus der Seth- und Goldenen Strömung, die nicht mehr mit Judas, sondern mit Pilatus (und dadurch angeblich, so die Meinung, mit dem ewigen Leben des wahren Christus) in Zusammenhang steht, geht letztlich dann auch Kaiser Konstantin hervor. Er ist also ein Nachfolger von Pilatus – und nicht von Judas, was er aber gewesen wäre, wenn Judas nicht entmachtet und durch Pilatus ersetzt worden wäre.

Die Abel- oder Salomon-Legende, auch Legende der Hohepriester genannt

Die Abel- oder Salomon-Legende erzählt davon, wie die Königin von Saba[60] mit sehr großem Gefolge, mit Kamelen, die Balsam, eine gewaltige Menge Gold und Edelsteine trugen, nach Jerusalem an den Hof von König Salomon[61] reiste, um König Salomon und all jenes, was sie in ihrem Land über ihn und seinen Ruf gehört hatte, zu prüfen. Dabei stellte sie ihm viele Fragen, die er ihr alle beantworten konnte. Als sie auch seinen Tempel, dessen Zugang ihr aber verwehrt wurde, die Speisen auf seiner Tafel, die Sitzplätze seiner Beamten, das Aufwarten der Diener und ihre Gewänder, seine Getränke und sein Opfer, das er im Haus des Herrn darbrachte, sah, erkannte sie, und ihr Atem stockte angeblich dabei, dass es wirklich wahr war, was sie in ihrem Land über ihn und seine Weisheit gehört hatte. »Ich wollte es nicht glauben, bis ich nun selbst gekommen bin und es mit eigenen Augen gesehen habe. Und wahrlich, nicht einmal die Hälfte hat man mir berichtet; deine Weisheit und deine Vorzüge übertreffen alles, was ich gehört habe«, sagte sie. Dann gab

---

60 Nach gnostischer Erkenntnis entspricht die Königin von Saba, wie sie in der Abel- oder Salomon-Legende, aber dann auch in der Seth- oder Goldenen, erwähnt wird, der Isis (Epinoia), die im Besitz der kosmischen Weisheit war, und somit der salomonischen Maria, der Mutter des salomonischen Jesus. Sie muss von der Königin von Saba der Saba-Legende unterschieden werden, die mit der Pronoia gleichgesetzt werden kann.
61 König Salomon entspricht in allen Legenden Jehova beziehungsweise Adam.

sie dem König hundertzwanzig Talente Gold, dazu eine sehr große Menge Balsam und Edelsteine – und damit symbolisch wohl ihre gesamte priesterliche (weibliche) Weisheit, so wie Eva ihre Weisheit in Form eines Apfels Adam oder die salomonische Maria ihre Weisheit an der Hochzeit zu Kana ihrem Sohn, dem salomonischen Jesus, übergeben hat – und reiste wieder ab.

Die Kain- oder Hirams-Legende, auch Judas-Legende genannt

In der Kain- oder Hirams-Legende wird über die Königin von Saba nichts berichtet, dafür aber umso mehr über den (salomonischen) Baumeister Hiram Abiff[62], der in Diensten König Salomons stand und für diesen den (neuen) Tempel erbaute. Da sie wie die Abel- oder Salomon-Legende eine ausschließlich sophistische Legende ist, verschweigt sie wie die katholische Kirche, die die Existenz eines wahren Christus verleugnet[63], die Existenz eines wahren Hiram Abiff. Sie berichtet nur vom (salomonischen) Baumeister Hiram Abiff, auf den allein sie dann aber nicht nur die Erlebnisse und Erfahrungen des (salomonischen) Baumeisters Hiram Abiff selbst, sondern

---

62 Der (salomonische) Baumeister Hiram Abiff entspricht hier Judas. Er muss vom wahren Hiram Abiff unterschieden werden, der mit dem wahren Christus gleichgesetzt werden kann.
63 Die Kirche verleugnet die Existenz eines wahren Christus, wie Petrus den wahren Christus dreimal verleugnet hat. Jesus baute auf Petrus, dem Felsen, seine Kirche auf.

vor allem auch jene des wahren Hiram Abiff überträgt. Der wahre Hiram Abiff wird hier also in den (salomonischen) Baumeister Hiram Abiff »eingebaut«.[64]

Der (salomonische) Baumeister Hiram Abiff wird als Sohn der Witwe[65] bezeichnet. Als einziger Mensch kannte er die Weisheit der Erde und deshalb das Geheimnis des Wortes.[66] Dieses Geheimnis des Wortes soll er als »Goldenes Dreieck«[67] bei sich getragen haben.

---

64 Der wahre Hiram Abiff wird in gleicher Weise in den (salomonischen) Baumeister Hiram Abiff »eingebaut«, wie beispielsweise bereits das Weibliche als Rippe in Adam oder der wahre Christus in den salomonischen Christus oder auch, wie bei den Zisterziensern oder bei den Mittel- und Neuplatonikern, das platonische Denken in das aristotelische Denken »eingebaut« wurde.
65 Mit Sohn der Witwe ist Judas gemeint. Seine Mutter war die schwarze Sarah. Schwarz weist auf Kain und auf den Nachtbereich hin.
66 Dass er als einziger Mensch (mit Mensch wird bereits das »Ecce homo!« von Pilatus angesprochen) die Geheimnisse der Weisheit der Erde kannte, heißt, dass er als einziger Vertreter des nathanischen Stroms auch in die irdischen Weisheiten des salomonischen Stroms eingeweiht war. Diese Weisheiten schaute er als Jüngling von Nain. Es waren dies die Weisheiten der Isis. Da ihn diese Weisheiten aber das Leben kosteten (es kostete ihn das Leben wie die Frau von Lot, die ebenso zurückschaute) und er als »einziger Mensch« die Grundlage für den individuellen mündigen Menschen bot, erweckte ihn der wahre Christus von den Toten. Dadurch kannte er auch das ewige Leben beziehungsweise das wahre Wort.
67 Mit »Dreieck« werden die drei zukünftigen Kulturepochen des Menschen angesprochen. Mit »golden« Jesus oder Seth.

Drei Gesellen[68] König Salomons, die angeblich eifersüchtig und voller Missgunst waren und ebenso in den Besitz dieses Goldenen Dreiecks gelangen wollten, griffen den (salomonischen) Baumeister Hiram Abiff hinterrücks an, und einer von ihnen ermordete ihn. Bevor der (salomonische) Baumeister Hiram Abiff jedoch starb, soll er das Goldene Dreieck ins Feuer geworfen haben, wo es verbrannte, sodass er damit das Geheimnis des Wortes mit in sein Grab nahm. Die Aufgabe für den Einzuweihenden oder Eingeweihten ist es nun, nicht nur die Erinnerung an dieses verlorengegangene Wort weiterhin in sich zu bewahren, sondern es auch in seiner reellen Wirkung und wahren Bedeutung aus eigener Kraft umso mehr wiederzufinden.

Die Seth- oder Goldene Legende, auch Pilatus-Legende genannt

Die Königin von Saba reiste an den Hof von König Salomon, um sich mit diesem, von dessen Herrlichkeit und Weisheit überwältigt, zu verloben. Diese Verlobung löste sie jedoch wieder auf, als sie den wahren Urheber der salomonischen »Herrlichkeit und Weisheit«, nämlich den (salomonischen) Baumeister Hiram Abiff, erblickte, um sich stattdessen fortan mit diesem zu verbinden. Denn der (salomonische) Baumeister Hiram Abiff hatte nicht

---

68 Geselle entspricht in der Eingeweihten-Sprache dem Grad des Gesellen, also dem zweiten Grad einer regulären Einweihung bis zum Meister.

nur die Weisheit eines Baumeisters, die ihn wissen ließ, wie man Tempel erbaute, sondern auch die Fähigkeit, mittels eines Zeichens, des Tau-Zeichens, Menschen um sich herum respektive unter sich (hypnotisch) gefügig zu machen, sodass diese sich in seinem Sinne dann verhielten und arbeiteten und somit nach seinen Anweisungen den Tempel erbauten. Er machte die so unter seinem Einfluss stehenden Menschen zu seinen Dienern oder Sklaven (oder wieder zu Tieren, als die unter der Wirkung des Taus stehende Wesen ebenso bezeichnet werden können), indem er durch das Tau-Zeichen in deren Willen eingriff und deren selbstständiges Denken raubte.

Die Königin von Saba löste ihre Verlobung mit König Salomon auf, indem sie diesem in der Nacht, also während er schlief, den Verlobungsring abnahm. Als König Salomon die Auflösung der Verlobung am Tag bemerkte, da wurde er wütend und schickte drei seiner Gesellen zum (salomonischen) Baumeister Hiram Abiff, damit sie ihn töteten. Diese passten ihn ab und einer von ihnen erschlug ihn. Gleichzeitig zerstörten sie das in seinen Anfängen bereits von ihm (angeblich) allein erschaffene »eherne Meer«[69], eine Substanz aus den angeblich sieben

---

69 Der Begriff des »ehernen Meers« entspricht – nach sophistischer Deutung – dem Seelenleib des zukünftigen Menschen, aus dem heraus letztlich auch der (neue, ewige) physische Leib, der »neue Adam«, erstehen soll. Er soll allein vom (salomonischen) Baumeister Hiram Abiff, also auch allein vom männlichen Menschen, erschaffen werden. Nach gnostischer Deutung entspricht das »eherne Meer« der seelisch-leiblichen Grundlage, aus der heraus jeder einzelne, individuelle Mensch seinen (neuen, zukünftigen) Seelenleib

wichtigsten Metallen der Welt, die in richtigem Verhältnis zueinander zusammengegossen gleich dem »Stein der Weisen« wirkte. Sie zerstörten dieses »eherne Meer«, indem sie in dieses eine feurige Substanz, die Leidenschaften erweckte, hineingossen. Mit der Vernichtung dieses Meeres soll die Grundlage für ein ewiges Menschsein vernichtet worden sein. Der (salomonische) Baumeister Hiram Abiff nahm sein »Geheimnis«, das den Bau des Tempels, die Erschaffung des »ehernen Meeres«, aber auch das Wort beinhaltete, mit in sein Grab. Er wurde zum Mittelpunkt der Erde geführt, wo er Kain vor dem Zustand der Ermordung Abels auffand. Dieser gab ihm drei Samen[70], um sie in den Mund Adams zu legen. Aus diesen drei Samen im Munde Adams ersprossen drei Bäume, aus denen heraus der »neue Adam«, der zukünftige Mensch, aber auch die weiteren drei Kulturepochen, die der Mensch nach dieser vierten Kulturepoche, in der er nun inkarniert ist, durchleben wird, entstehen konnten.

---

und somit auch seinen (neuen, zukünftigen) physischen Leib selber erschaffen kann. Er hat mit dem »neuen Adam« nichts zu tun. Dieses »eherne Meer« wird vom wahren Hiram Abiff und von der Königin von Saba, das heißt vom wahren Christus und von der Pronoia, also vom Männlichen und vom Weiblichen, gemeinsam erschaffen.

70 Auch hier gelten (wie beim Goldenen Dreieck) die drei Samen den (angeblich) drei kommenden Kulturepochen. Aber auch den drei Seelenqualitäten der drei Gesellen, die den (salomonischen) Baumeister Hiram Abiff umgebracht haben, und den drei Weisen aus dem Morgenland, die dem soeben geborenen salomonischen Jesus die drei Gaben, die den drei zukünftigen Kulturepochen des Menschen entsprachen, mitbrachten.

Die Saba-Legende, auch Maria Magdalena- (oder Lazarus-)Legende genannt

In der Saba-Legende, der vierten aller Legenden, die im Gegensatz zu den drei anderen Legenden ausschließlich gnostisch zu deuten und verstehen ist, kommt die Königin von Saba[71], die dem Wahren, Sonnenhaften[72], entspricht, an den Hof des verklärten, mondhaften König Salomons, um den ebenso wahren, sonnenhaften Hiram Abiff, ihren Verlobten, Ariadne gleich aus den Fängen und somit aus dem Kerker König Salomons zu befreien. König Salomon hatte Hiram Abiff, der denselben Namen wie der (salomonische) Baumeister trägt, eingesperrt, weil er durch diesen, der im Gegensatz zu ihm, einem Weisen, Wissender, aber auch wahrer Mensch war, sein gesamtes irdisches

---

71 Hier in dieser Legende entspricht die Königin von Saba der Pronoia – dies im Gegensatz zur Königin von Saba der anderen Legenden, die der Isis (Epinoia) entspricht.
72 Mit Sonnenhaften soll hier der urideell-reelle wahre Mensch (»Ecce homo!«) gemeint sein, da dieser mit seinem mündigen, individuellen Ich selbstständig, das heißt aus sich selbst heraus, zu denken fähig ist, also leuchtet – dies im Gegensatz zum Mondhaften, mit dem der abbildhafte Mensch gemeint sein soll, da er als unmündiger, »kollektiver« Mensch, nicht selber denkt, sondern die Weisheiten für sich denken lässt, nachdenkt, und dadurch auch nicht mehr selber leuchtet, sondern nur wiedergibt, was ihm als Licht gespiegelt wird. Deshalb trägt er auch eine Krone, denn er krönt sich mit dem Licht der Sonne, obwohl er selbst dem Mond entspricht. (Sein Kopf entspricht, gnostisch gesehen, dann auch nicht mehr dem eigentlichen Kopf des Menschen, sondern eher dem Kehlkopf, der als Organ auch selbst wie eine Krone aussieht und auf dem Adamsapfel sitzt.)

Reich und somit seine generelle Macht in Gefahr sah. Aber auch, um durch dessen Opfertod, den er dann von drei seiner Gesellen für sich durchführen ließ, selbst in den Besitz des »ewigen Wortes«, dem ewigen Leben, zu gelangen. Als wahrer Mensch (»Ecce homo!«) konnte Hiram Abiff gemeinsam mit der Königin von Saba, als er sich mit ihr »ehern« verband, die Grundlagen für ein neues, unvergängliches und vollkommenes Menschsein erschaffen, das dem Menschen die Möglichkeit bot, sich für immer von der abbildhaften Welt und deren Unterdrückung und Gefangenschaft zu befreien.

Musikalische Zuordnungen

Wenn man Beethovens Oper »Fidelio« mit der Saba-Legende vergleicht, so entdeckt man zwischen ihr und der Legende nicht nur zahlreiche Parallelen, sondern sogar eine völlige Übereinstimmung. So kann die Königin von Saba, die sich mit List an den Hof König Salomons begibt, um dort den wahren Hiram Abiff aus dem Kerker König Salomons zu befreien, mit Leonore gleichgesetzt werden, die sich ebenso, als Mann verkleidet, in das Staatsgefängnis Don Pizarros einschlich, um den dort zu Unrecht eingekerkerten Florestan zu retten. Die Verkleidung Leonores als Mann entspricht dem äußerlichen Prunk und Gehabe der Königin von Saba. Damit täuschte sie Don Pizarro wie die Königin von Saba König Salomon, um sich so den Zutritt zum Kerker zu verschaffen, der ihr sonst wohl verwehrt geblieben wäre. Sowohl Leonore als auch die Königin von Saba wussten, dass ein weiser

Mensch wie Don Pizarro respektive wie König Salomon, der (als Mond) keine innerlichen Werte (Sonne) kennt, allein auf äußerliche und somit sinnliche Werte und Attribute achtet und sich deshalb auch von diesen verführen oder eben täuschen lässt.

Interessant ist, dass alle vier Tempellegenden von mindestens je einem Komponisten als Oper verarbeitet wurden. So hat sich Mozart, der selbst Freimaurer war[73], der Hirams-Legende angenommen. Seine Zauberflöte beschreibt in kindlicher Weise den Einweihungsweg des männlichen Menschen bis zum dritten Grad, dem Meistergrad. Das Weibliche in der Zauberflöte wird entweder in der Gestalt der Königin der Nacht, die als Königin der Nacht bezeichnet wird, da sie (wie die schwarze Sarah oder wie Maria Magdalena) Vertreterin des nathanischen Stromes, also des Stromes des »Nachtbereichs«, war, als böse oder in der Gestalt der Pamina, die die Tochter der Königin der Nacht ist und von Sarastro geraubt wurde, nur als Anhang des Männlichen dargestellt. Beethoven dagegen, der selbst kein Freimaurer war, schrieb mit seiner Befreiungsoper »Fidelio« die einzige auch heute noch bekannte Oper[74], die die Saba-Legende, in der das Weibliche wie das Männliche zur tragenden Figur wird, zum Ausdruck bringt. Sie kann als einzige noch bekannte

---

73 Wolfgang Amadeus Mozart war Mitglied des Illuminatenordens, eines 1776 in Ingolstadt gegründeten eigenständigen (nicht offiziell anerkannten und somit irregulären) freimaurerischen Geheimbundes.

74 Als Vorlage diente ihm die Oper »Léonore ou L'amour conjugal« (1798) von Pierre Gaveaux. Das Libretto dazu schrieb Jean Nicolas Bouilly.

gnostisch-platonische Oper bezeichnet werden, deren Bezug nicht der abbildhafte, irdische Mensch, sondern der urideell-reelle, wahre Mensch ist.

Wagner dagegen kann als Komponist verstanden werden, der sich der Goldenen Legende zugeneigt fühlte. Besonders in seiner Oper »Lohengrin« kommt das Menschen- und auch Geschlechterbild, das er selbst wohl in sich trug, sehr deutlich zum Ausdruck. Hier wird das Männliche (Jesus) zum rettenden Helden hochstilisiert und das Weibliche (Maria Magdalena?) gleichzeitig gewissermaßen zum Versager erklärt. Elsa, die nach der eigentlichen Sage als einzige Tochter des Herzogs von Brabant die rechtmäßige Thronerbin wäre, von Wagner aber indirekt in den Verdacht gerückt wird, ihren von ihm, Wagner, selbst dazu erfundenen Bruder der Erbfolge wegen umgebracht zu haben[75], verriet ihren eigenen Retter Lohengrin, der ihr aus »himmlischen Sphären« für ihre Verteidigung auf einem Schwan zur Hilfe eilte, indem sie das Versprechen, als Bedingung für seine Hilfe, nämlich

---

75 In den Deutschen Sagen von Jacob und Wilhelm Grimm, Kassel 1816/18, Nr. 536, steht in der holländischen Sage »Lohengrin zu Brabant« geschrieben, dass der Herzog von Brabant und Limburg, als er starb, eine einzige Tochter, Els oder Elsam, als Erbin hinterließ. Richard Wagner änderte den Text für seine Oper so um, dass der Herzog von Brabant, als er starb, zwei Kinder, nämlich Elsa und Gottfried, hinterließ. Nach Aussage von Friedrich von Telramund, dem Erzieher jener beiden Kinder, der selbst für sich die Fürstenwürde von Brabant beanspruchte, soll Elsa aber nach Wagner, um wohl die Erbfolge für sich zu entscheiden, ihren Bruder Gottfried umgebracht haben. Diese stritt die Tat aber vehement ab, sodass Aussage gegen Aussage stand.

seinen Namen nicht auszusprechen, nicht halten konnte. Dadurch zerstörte sie nicht nur ihre eigene Rettung, sondern enttäuschte auch Lohengrin, der ohne sie auf dem Schwan wieder in die »himmlischen Sphären«, von wo er gekommen ist, zurückkehrte.

»WIE IM HIMMEL, SO AUF ERDEN«

Im Vaterunser in der Bibel steht geschrieben, dass es im Himmel so wäre wie auf Erden. Oder, wohl auch, im Umkehrschluss, auf Erden so wie im Himmel.

Die gleiche Aussage findet man in der Tabula Smaragdina, einer hermetischen Schrift aus dem 6. Jahrhundert.[76] Dort heißt es: »Dasjenige, welches unten ist, ist gleich demjenigen, welches oben ist, und dasjenige, welches oben ist, ist gleich demjenigen, welches unten ist ...«[77].

Das bedeutet: Auf Erden, also da, wo man als Mensch lebt, existieren also die gleichen Prinzipien, Gedanken oder auch Gesetzmäßigkeiten wie im Himmel, wo die Gottheit thront, und auch umgekehrt im Himmel, wo die Gottheit thront, die gleichen Prinzipien, Gedanken oder

---

76 Die Tabula Smaragdina ist dem (fiktiven) Gott Hermes Trismegistos zugeschrieben. Ihre älteste Version fand man im Anhang zu einem arabischen Manuskript aus dem 6. Jahrhundert. Sie wurde im 12. Jahrhundert aus dem Arabischen ins Lateinische übersetzt.
77 Aus dem lateinischen Text, Nürnberg 1541: „Quod est inferius, est sicut (id) quod est superius, et quod est superius, est sicut (id) quod est inferius, ad perpetranda miracula rei unius."

Gesetzmäßigkeiten wie auf Erden, wo man als Mensch sein Dasein fristet. Eine Aussage, die dem Sophisten sehr entgegenkommt und auch entspricht, sodass er sie deshalb wohl verfasst hat und verewigen ließ. Denn sie sagt aus, dass er, der es beispielsweise liebt, überall Erster zu sein, auch im Himmel wieder Erster sein wird, wenn er auf Erden Erster ist, respektive, dass er auf Erden Erster ist, weil er auch im Himmel bereits Erster war. Nichts ändert sich also, alles bleibt bestehen oder erhalten – und wird dadurch sogar noch bestätigt.

Der Darwinismus, wie er auf Erden als Gesetz existiert und unter den Menschen in ihrer Bemühung, beispielsweise immer Erster zu sein, gelebt wird, wäre dadurch also auch im Himmel oberstes Gesetz, sodass deshalb der Aussage Jesu nur beigepflichtet werden kann, wenn er da sagte, dass er nicht gekommen wäre, um die Gesetze aufzuheben, sondern vielmehr, um sie zu erfüllen. Wer Erster ist, wird auch im Himmel Erster sein, und wer Letzter ist, sich auch im Himmel als Letzter wiederfinden.[78] Denn das Erfüllen der Gesetze auf Erden soll des

---

78 Der biblische Ausspruch, Matthäus 20, 16, „Die Ersten werden die Letzten sein. Denn viele sind berufen, aber wenige auserwählt", bezieht sich nach gnostischer Erkenntnis auf das Erstgeborenenrecht, welches hierbei infrage gestellt wird. Denn innerhalb der jüdischen und dann auch paulinisch-christlichen Schrift sind es immer die Zweitgeborenen und somit die Vertreter des salomonischen Stroms, die als Auserwählte an die Stelle der Erstgeborenen, der Berufenen und somit der Vertreter des nathanischen Stroms, treten. So mussten deshalb Kain Abel, Moses Aaron, Johannes der Täufer oder eben sogar Judas Jesus weichen. Auch dass Paulus Petrus verdrängte, kann in diesem Sinne gedeutet werden.

Menschen oberste Pflicht sein, weil diese bereits im Himmel als göttliche und deshalb unumwerfliche Gesetze existieren und gelten. Aus diesem Grund wohl lehrten und lehren auch die Hohepriester und Schriftgelehrten im Judentum nach der Schrift, da auch die Schrift Ausdruck dieser Gesetze ist.

Der Gott der Natur ist ein darwinistischer Gott

Die Meinung, dass Gott die Welt und die Welt Gott wäre, stimmte also vollumfänglich, wenn man nach dem Vaterunser geht. Sie stimmte so sehr, dass man deshalb auch davon ausgehen kann, ja davon ausgehen muss, wenn man das Vaterunser zur Grundlage einer eigenen Weltanschauung nimmt und dabei sieht, wie die Welt nach den Gesetzen des Darwinismus funktioniert, dass der Gott, der die Welt und somit die Natur erschaffen hat, um sich darinnen zu spiegeln, selbst ein darwinistischer Gott nur sein kann. Denn er selbst ist das Gesetz der Welt, nach dem er die Erde und die Natur erschaffen hat, sodass er dieses deshalb wohl auch nicht überwinden, sondern immerzu nur bestätigen oder bestätigt haben will.

Dies im Gegensatz zum Menschen, dessen Besonderheit sich gerade dadurch offenbart, dass er die Fähigkeit hat, den Darwinismus und somit die Natur zu überwinden.

Deshalb ergibt sich daraus für den Gnostiker die Frage:

Ist der Mensch, da er sich vom Gott der Natur unterscheidet, nicht Geschöpf jenes Gottes, der als Gott der Natur die Erde und die Natur erschaffen hat, sondern vielmehr ein Geschöpf eines *anderen* Gottes, also eines anderen Gottes, der ihm dann wirklich entspricht, weshalb man letztlich für die Beurteilung der Welt und des Menschen auch von *zwei* Gottheiten ausgehen muss? Nämlich, einerseits, von einer Gottheit, die die Erde und die Natur erschaffen hat, und, anderseits, von einer Gottheit, die für die Erschaffung des Menschen verantwortlich ist?

Oder ist er ein Geschöpf, das wie die Erde und die Natur von demselben Gott erschaffen worden ist, nämlich als Tier, aber im Verlaufe seiner eigenen Entfaltung plötzlich derart über sich hinausgewachsen ist, dass es deshalb sein gesamtes Natur- und Tiersein nun überwunden hat und auch seinen eigenen Gott, den Schöpfergott, dadurch infrage stellt? Doch wie hätte er als Geschöpf dann über sich hinauswachsen und dadurch sein gesamtes Natur- und Tiersein überwinden können, wenn er nicht bereits Geschöpf eines anderen Gottes wäre, der ihm die Anlagen dazu gegeben hat?

Der Gnostiker geht von einer Welt mehr aus

Für den Sophisten ist der Mensch ein Wesen, das über sich hinausgewachsen ist und deshalb gewissermaßen wieder in die Gesetzmäßigkeiten der Natur zurückgeführt werden muss. Als religiöser Sophist versteht er unter Gesetzmäßigkeiten der Natur die Gesetzmäßigkeiten Gottes oder aber, wenn er beispielsweise Theosoph oder Esoteriker ist, die Gesetzmäßigkeiten einer »Geistigen Welt«. Wenn er Freimaurer ist, dann versteht er unter den Gesetzmäßigkeiten der Natur die Gesetzmäßigkeiten eines »Allmächtigen Baumeisters aller Welten«. (Nur wenn er Atheist ist, glaubt er an nichts beziehungsweise an ein Nichts.)

Der Grund für den Sophisten, weshalb der Mensch über die Natur hinausgewachsen ist und deshalb wieder in die Gesetzmäßigkeiten der Natur zurückgeführt werden muss, ist, so meint er, sein selbstständiges Denken, das ihn »egoistisch« werden ließ. Denn »egoistisch« werden bedeutet für ihn, sich über die Gesetzmäßigkeiten der Natur und somit über Gott oder die »Geistige Welt« zu erheben, sodass man sich dadurch sowohl von der Natur als auch von Gott oder der »Geistigen Welt« entfernt und deshalb böse und krank wird.

Um in die Gesetzmäßigkeiten der Natur zurückkehren zu können, muss der Mensch, so meint er, sein selbstständiges Denken wieder aufgeben, sich so in den Schoß der Natur und somit in den Schoß Gottes oder einer »Geistigen Welt« zurückbegeben und sich als gläubiger und höriger, selbstloser Mensch grundsätzlich einer über ihm stehenden Instanz ergeben. Das Ausschalten seines eigenen Ichs ist somit das eigentliche Ziel, sodass am Ende, ganz nach dem Leitsatz »Werdet wie die Kinder!«, ein eigenes, individuelles Menschsein nicht mehr möglich ist, weil auch nicht mehr er selbst, sondern jemand anderes über ihn und über ihm (und in ihm) bestimmt. Den gleichen Weg kann er als Theosoph oder auch als Freimaurer gehen, wenn er sich »geistig schulen« oder sich generell zu einem »höheren«, »besseren« Menschen »einweihen« lässt, sodass er auf diese Weise seinen »Egoismus« und somit seine Mündigkeit verliert, die ihn, gnostisch gesehen, am meisten aber gerade vom Tier und somit von der Natur selbst unterscheidet.

Der Gnostiker glaubt an eine zusätzliche Welt

Für den Gnostiker dagegen, der neben »Himmel und Erde«, die beide vergänglich sind, zusätzlich an eine urideell-reelle Welt glaubt, ist der Mensch ein Wesen, das in seinem eigentlichen, wahren Menschsein nichts mit dem Gott, der die Erde und die Natur erschaffen hat, oder mit der »Geistigen Welt« in dem Sinne, gemein hat, sondern ein Wesen, das tatsächlich von einer anderen Gottheit (beziehungsweise Elternheit), die außerhalb von »Himmel und Erde« existiert, abstammt. Somit geht der Gnostiker, im Gegensatz zum Sophisten, der nur an die Existenz von »Himmel und Erde« glaubt, von drei (respektive, wenn man die »Unterwelt« oder die »Hölle« dazurechnet, von vier) Welten aus, sodass auch deshalb die dritte (respektive vierte) Welt, von der er spricht, nämlich die urideell-reelle Welt, jene Welt ist, die außerhalb von »Himmel und Erde« (respektive außerhalb von »Himmel, Erde und Hölle«) gelegen ist. Sie entspricht seiner Auffassung nach derjenigen Welt, die Platon in seinem Höhlengleichnis[79] als Welt außerhalb der Höhle beschrieben

---

[79] Das Höhlengleichnis, das in Platons Politeia enthalten ist, ist neben dem Sonnen- und Liniengleichnis eines der drei Gleichnisse, die über die urideell-reelle Welt und deren Verhältnis zur abbildhaften Welt Auskunft geben. – Nach Platon würde jenen Menschen, die, vom starken Licht der urideell-reellen Welt vorerst geblendet, zu den Menschen

hat und letztlich, im Gegensatz zu den Welten innerhalb (oder unterhalb) dieser platonischen Höhle, die abbild- oder schattenhaft sind, als wahre und somit eigentliche Welt deshalb bezeichnet werden kann. Die Welt außerhalb der Höhle ist unvergänglich und vollkommen.

Für den Gnostiker gibt es zwei »Gottheiten«

Für den Gnostiker gibt es also zwei Gottheiten, die für die Erschaffung des Menschen infrage kommen. Es sind dies einerseits eine urideell-reelle Gottheit (oder Elternheit), die sich außerhalb von »Himmel und Erde« befindet und mit dem eigentlichen, wahren Menschen in Zusammenhang steht, und anderseits eine abbildhafte (»schattenhafte«) Gottheit, auf die der irdische (ebenso »schattenhafte«) Mensch zurückgeht. In diesen irdischen Menschen inkarniert sich der eigentliche, wahre und somit urideell-reelle Mensch.

Für den Sophisten dagegen gibt es nur eine Gottheit, die den Menschen erschaffen hat, nämlich einen alleinigen Vater-Gott, also den Vater-Gott Jehova oder Jahwe.

Dieser alleinige Vater-Gott Jehova oder Jahwe erschuf aus der Erde Adam, aus dessen Stammbaum letztlich dann auch Jesus, der als »Friedensbringer« in die Welt trat, und Judas, der als Gegenpart zu Jesus ebenso die Führerschaft über den Menschen erstrebte, hervorging.

---

in der Höhle zurückkehrten, nicht geglaubt, wenn sie davon erzählten. Sie würden ausgelacht und, wenn sie versuchten, in der Höhle Gefangene von ihrem Schicksal zu befreien, um sie ebenso nach oben zu führen, sogar umgebracht.

www.ingramcontent.com/pod-product-compliance
Lightning Source LLC
Chambersburg PA
CBHW030404170426
43202CB00010B/1484